Margery (Gred)

Un conte du vieux Nuremberg (Volume 1)

Georg Ebers

(Traducteur : Clara Bell)

Writat

Cette édition parue en 2024

ISBN :9789359948386

Publié par
Writat
email : info@writat.com

Contenu

NOTE DU TRADUCTEUR :

En traduisant ce qui est censé être une transcription en allemand moderne de la langue de Nuremberg au XVe siècle, je n'ai pas tenté d'imiter la phraséologie anglaise de la même date. La difficulté serait en fait insurmontable pour l'écrivain et l'ennui pour le lecteur serait presque tout aussi grand.

Je me suis simplement efforcé d'éviter les mots et les formes de discours essentiellement modernes.

INTRODUCTION:

"PIETRO GIUSTINIANI, marchand, de Venise." C'était la signature apposée sur son reçu par le petit antiquaire de la ville de Saint-Marc, chez qui j'avais acheté quelques feuilles de manuscrit cousues. Quel nom et quel titre !

Tandis que je remarquais la splendeur de ses ancêtres, il fouilla dans sa poche et s'écria, moitié d'orgueil, moitié de lamentation :

"Oui, ils avaient beaucoup d'argent ; mais qu'est-il devenu ?"

"Et n'avez-vous aucune trace de leurs actes ?" J'ai demandé au petit homme, qui portait lui-même une moustache avec des pointes militaires raides.

« Leurs actes ! » répéta-t-il avec mépris. « J'aurais aimé qu'ils soient moins zélés dans leur quête de gloire et qu'ils gèrent mieux leurs affaires financières ! — Pauvre enfant !

Et il me montra la petite Marietta qui jouait parmi les vieux livres et avec qui j'avais déjà noué amitié. Elle présentait ce jour-là un étrange appendice dans les lobes de ses oreilles, qui, en y regardant de plus près, m'a semblé être une torsion de fil.

La jolie tête brune de l'enfant reposait confidentiellement contre mon bras et, tandis que je palpais avec mes doigts cet ornement singulier, j'entendis, derrière le petit bureau au bout du comptoir, la voix aiguë de sa mère aux accents plaintifs : « Oui, Monsieur, c'est une honte dans une famille qui a donné trois saints à l'Église, saint Nicolas, sainte Anne et sainte Euphémie, tous les trois Giustiniani comme vous le savez, dans une famille dont les fils ont porté plus d'une fois le chapeau de cardinal, que une mère, Monsieur, devrait être obligée de laisser son propre enfant... Mais vous aimez le petit, Monsieur, comme tout le monde ici. Hé, Marietta ! Que diriez-vous si monsieur vous donnait une paire d'oreilles. -des bagues, maintenant ; des boucles d'oreilles en or véritable, je veux dire ? Du fil pour boucles d'oreilles, Monsieur, aux oreilles d'un Giustiniani ! C'est absurde, absurde, monstrueux ; et un gentleman bien-pensant comme vous, Monsieur, ne niera jamais que."

Comment pourrais-je négliger un tel indice ? et quand j'eus gratifié la femme de l'antiquaire, je pus réfléchir avec une certaine fierté que je pouvais m'estimer comme le bienfaiteur d'une famille qui se vantait de descendre de l' empereur Justinien, et qu'on avait appelée la « Gens Fabia » de Venise, et, en son époque avait donné à la République de grands généraux, des hommes d'État clairvoyants et des savants admirables.

Quand enfin je dus quitter la ville et que je pris congé du marchand de curiosités, il me serra la main avec un regret sincère ; et si la signora

Giustiniani , en empochant un paquet de papier-monnaie assez épais, me regardait avec cette aimable pitié qu'une bonne femme est toujours prête à accorder aux inexpérimentés, surtout quand ils sont jeunes, c'était sans doute parce que le manuscrit que j'avais acquis avait un aspect tellement délabré. Les marges du vieux papier épais de Nuremberg étaient rongées par les souris et les insectes, et en de nombreux endroits des taches noires comme de l'amadou tombaient des pages jaunes ; en fait, de nombreux passages de l'écriture autrefois claire étaient si complètement effacés que je n'espérais guère les voir rendus à nouveau lisibles par l'art du chimiste. Cependant, le contenu du document était si intéressant et remarquable, si unique par rapport à l'époque où il a été rédigé, qu'il a irrésistiblement attiré mon attention et, en l'étudiant, j'ai transformé la moitié de la nuit en jour. Il y avait neuf parties distinctes. Tous, sauf le tout dernier, étaient dans la même main, et ils semblaient avoir formé un seul livre avant d'être déchirés. La couverture et la page de titre ont été perdues, mais en tête de la première page ces mots étaient écrits en grosses lettres : « Le livre de ma vie ». Puis suivit un long passage en vers grossiers, tout à fait dans ce sens.

"Ce que nous voyons avec l'œil éveillé
ne peut, à notre avis, jamais mentir, et ce que nous obtenons grâce aux sens et à la vue. Devient une partie de l'âme et du cerveau. Regardez autour du monde dans lequel vous habitez Ni, comme un escargot, vivez dans votre coquille. " Et si vous voyez Son monde correctement, le Seigneur vous accordera une double vue. Car, bien que votre esprit et votre âme soient petits, si vous les ouvrez à tout le vaste monde, ils élargiront ces choses glorieuses pour les comprendre. Quand le cœur et Le cerveau est grand avec l'Amour L'homme ressemble le plus au Seigneur d'en haut. Regardez-Le avec un œil patient, pas sur votre propre infirmité. Dans une confiance pieuse, oubliez-vous Pour les autres, ne faites que travailler et vous inquiéter, Puisque tout ce que nous faisons pour nos semblables Avec une bonne volonté, Ce sera notre gain. Et si les gens vous traitaient d'imbécile, ne vous inquiétez pas, mais agissez selon la règle de la vertu, le mépris et les malédictions, laissez-les se lancer, la bénédiction de Dieu vous protège de leur aiguillon. Gris est ma Tête mais jeune mon Cœur ; A Nuremberg, avant de partir, Enfants et Petits-enfants, j'écris pour vous ce livre, et il est vrai."

MARGERY SCHOPPER.

Sous les versets, le texte du récit commençait par ces mots : « L'année de notre Seigneur M/CCCC/lx/VI dyd , j'ai commencé à écrire en ton Lytel Boké Thys histoire de mon lyf , comme je l'ai fait je l'ai apprécié ."

C'était dans sa soixante-deuxième année que l'écrivain avait commencé à noter ses souvenirs. Cela devient clair au fur et à mesure que nous avançons, mais cela peut être compris dès les premières lignes de la deuxième page qui commence ainsi :

> "Moi, Margery Schopper , je suis née l'année de notre Seigneur M/CCCC/IV un mardi après le dimanche de Palmarum , à quatre heures après ma nuit . Mon oncle Kristan Pfinzing était mon dieu frère lors de mon baptême . Mon père, Dieu assyle son âme, était Franz Schopper , a déclaré le chanteur. Il est mort un lundi après 'Laetare' —[Le quatrième dimanche du Carême.]— Dimanche M/CCCC/IV. Et il a dû voir Kristine Peheym pourquoi était-ce mon mère . Elle a également chanté des hymnes à mes frères Herdegen et Kunz Schopper . Ma mère est morte à la veillée de Seint Kateryn M/CCCC/V. Ainsi étais-je le reste de mon moder pourquoi encore un bébé ; aussi le Seigneur a amené sois triste pour moi dans la mesure où sa grâce a fait sortir mon père de la tienne. monde avant cela, j'ai jamais vu la lumière de Dai . "

Ces quelques lignes, que j'ai lues chez le petit antiquaire, m'ont trahi jusqu'à ma ruine ; car, dans ma joie de retrouver le journal quotidien d'une ménagère allemande du début du quinzième siècle, mon cœur déborda ; oubliant toute prudence, je riais tout haut en m'écriant : « splendide », « merveilleux », « quel trésor ! Mais il aurait été au-delà de toute puissance humaine de rester sans voix, car, en poursuivant ma lecture, j'ai découvert des choses qui dépassaient de loin mes attentes les plus chères. L'auteur de ces pages ne s'était pas contentée, comme les autres chroniqueurs de son temps et de sa ville natale - comme Ulman Stromer , Andres Tucher et leurs confrères - d'enregistrer des faits notables sans aucun lien, les affaires familiales, les dépenses et les mesures mercantiles de son époque ; elle avait consigné clairement et franchement tout ce qui lui était arrivé depuis son enfance jusqu'à la fin de sa vie. Cette Margery avait hérité de certains des dons artistiques de son père ; il est mentionné dans la célèbre chronique d'Ulman Stromer , où il est appelé « le Chanteur ». C'est pourtant à sa mère qu'elle doit son audace, car elle était une Behaim , cousine du célèbre voyageur . Behaim de Schwarzbach , dont la mère est connue pour appartenir à la famille Schopper , fille de Herdegen Schopper .

En une semaine , je n'avais pas seulement lu le manuscrit, mais j'avais copié une grande partie de ce qui me paraissait le plus digne d'être conservé, y compris les vers. J'eus par la suite de bonnes raisons d'être heureux d'avoir pris tant de peine, même si je voyageais alors ; car un désastre cruel arriva à la malle dans laquelle était emballé le manuscrit, avec d'autres livres et quelques trésors, et que j'avais renvoyé par mer chez moi. Le navire qui les transportait s'est échoué à l'embouchure de l'Elbe et mon précieux manuscrit a péri misérablement dans le naufrage.

Les neuf feuilles cousues, dont la dernière était écrite de la main du frère cadet de Margery Schopper , étaient arrivées à Venise, comme cela était indiqué sur la dernière page, en possession de l'arrière-petit-fils de Margery, qui représentait la grande maison marchande. d' Im Hoff sur le Fondaco , et qui mourut finalement dans la ville de Saint-Marc. Lorsque cette fameuse maison fut démantelée, les papiers furent séparés de leur couverture et tombèrent finalement entre les mains du marchand de curiosités à qui je les avais achetés. Et après avoir survécu aux voyages terrestres, aux risques d'incendie, aux ravages des vers et à la cruauté de l'homme pendant quatre siècles, ils sont finalement devenus la proie de la fureur destructrice des vagues ; mais ma mémoire me servit bien quant au contenu, et, à ma demande, fut aussitôt prête à m'aider à restituer le récit que j'avais lu. Les parties copiées étaient d'une aide précieuse, et l'imagination pouvait combler les lacunes ; et bien qu'il n'ait sans doute pas réussi à reproduire phrase pour phrase et mot pour mot les mémoires de Margery Schopper , j'ai dans l'ensemble réussi à transcrire avec une grande exactitude tout ce qu'elle avait elle-même cru digne d'être tiré de l'oubli. En outre, j'ai évité de répéter le mode de conversation du XVe siècle, lorsque l'allemand commençait à peine à être utilisé comme langue écrite, puisque les savants, les écrivains et les hommes de lettres choisissaient toujours la langue latine pour toute œuvre intellectuelle grande ou élégante. . Les expressions de la narratrice ne seraient intelligibles que pour quelques privilégiés, et j'aurais fait injustice à Margery si j'avais laissé les idées et les descriptions, dont je comprenais parfaitement le sens, dans la forme maladroite qu'elle leur avait donnée. Le langage de son époque est un miroir dont la surface inégale pourrait facilement refléter aux yeux modernes l'image la plus belle sous forme de lignes floues ou déformées. Beaucoup de choses, en effet, ce qui m'a le plus attiré dans ses descriptions auront perdu leur charme particulier dans les miennes ; Quant à savoir si je l'ai toujours complété correctement, cela doit rester une question ouverte.

J'ai essayé de me plonger dans l'esprit et l'esprit de ma Margery et de répéter son récit avec une amplification occasionnelle, dans un style familier, mais avec un choix de mots qui semble approprié à la date de son récit. Ainsi, j'ai perpétué tout ce qu'elle s'efforçait d'enregistrer pour ses descendants, de son cœur chaleureux et de son cerveau avide ; bien que souvent sous forme de simples esquisses et de phrases brisées, toujours dans la langue de son temps et de sa province natale.

CHAPITRE I.

Moi, MARGERY SCHOPPER, je suis née l'an de grâce 1404, le mardi après le dimanche des Rameaux. Mon oncle Christian Pfinzing du Burg, un veuf dont la femme avait été Schopper , m'a retenu aux fonts baptismaux. Mon père, Dieu ait son âme, était Franz Schopper , connu sous le nom de Franz le Chanteur. Il mourut dans la nuit du lundi après le dimanche de Laetare en 1404, et sa femme ma mère, Dieu la garde, qui s'appelait Christine, était née Behaim ; elle lui avait amené mes deux frères Herdegen et Kunz, et elle mourut la veille de la sainte Catherine 1404 ; de sorte que j'ai perdu ma mère alors que je n'étais qu'un bébé, et Dieu m'a également traité durement en prenant mon père avec lui dans sa miséricorde, avant que j'aie jamais vu la lumière.

Au lieu d'un père aimant, comme en ont d'autres enfants, je n'avais qu'une tombe dans le cimetière de l'église, et de bons rapports à son sujet de la part de ceux qui l'avaient connu ; et d'après leur récit, il devait être une âme joyeuse et aimable, et un bon homme d'affaires tant dans ses propres affaires que dans celles relatives à la ville. On l'appelait "le Chanteur" parce que, même lorsqu'il était membre du conseil municipal, il chantait doucement et dignement au luth. Cet art, il l'apprit en Lombardie, où il résidait à Padoue pour y étudier le droit ; et on dit que parmi ces gens étrangers, sa musique lui apporta une riche récompense dans l'amour des dames et des demoiselles italiennes. C'était un homme favorisé, de belle taille et agréable à regarder, comme en témoigne mon frère Herdegen , son fils aîné, puisqu'on dit communément qu'il est l'image vivante de son bienheureux père ; et moi, qui suis maintenant une vieille femme, je peux librement avouer que j'ai rarement vu un homme dont les yeux bleus brillaient plus brillamment sous son front, ou dont les cheveux d'or s'enroulaient plus épais sur son cou et ses épaules que ceux de mon frère au plus haut jour de sa vie. une jeunesse heureuse.

Il est né à Pâques, et le Tout-Puissant l'a doté d'un caractère joyeux comme il n'en accorde qu'à un enfant du dimanche. Lui aussi était doué dans l'art du chant, et comme mon autre frère, mon camarade de jeu Kunz, avait aussi un penchant pour la musique et le chant, il y avait toujours une cornemuse qui jouait dans notre maison d'orphelins et de mères, comme s'il s'agissait d'un nid de sauterelles joyeuses, et il y régnait plus de joie enfantine et de gaieté joyeuse que dans beaucoup d'autres maisons qui se réjouissent en présence du père et de la mère. Et j'ai toujours été vraiment reconnaissant envers le Tout-Puissant qu'il en soit ainsi ; car, comme je l'ai souvent vu, la vie des enfants privés de l'amour d'une mère est comme un jour où le soleil est caché par des nuages d'orage. Mais le Dieu miséricordieux, qui a posé la main sur le cœur de notre mère, a rempli celui d'une autre femme d'un trésor d'amour envers moi et mes frères.

Notre cousine Maud, veuve sans enfant, s'est chargée de s'occuper de nous. En tant que servante, et avant d'épouser son défunt mari, elle avait été amoureuse de mon père, puis elle avait considéré ma mère comme une sainte du ciel. Elle ne pouvait donc avoir de plus grande joie que de nous raconter des histoires sur notre vie. parents; et quand elle le faisait, ses yeux étaient pleins de larmes, et comme chaque mot sortait directement de son cœur, il se dirigeait directement vers le nôtre ; et tandis que nous étions tous les trois assis à l'écouter, outre ses deux yeux, il y en eut bientôt six autres assez mouillés pour avoir besoin d'un mouchoir.

Sa démarche était lourde et maladroite, et son visage semblait avoir été taillé dans du bois grossier, de sorte que c'était un visage propre à effrayer les enfants ; Même lorsqu'elle était jeune , on disait que son apparence ressemblait trop à celle d'un homme et qu'elle était dépourvue de charmes, et c'est pour cette raison que mon père n'a jamais prêté attention à son amour pour lui ; mais ses yeux étaient comme des fenêtres ouvertes, et par eux regardait tout ce qui était bon, gentil, aimant et vrai, comme des anges à l'intérieur À cause de ces yeux , tu as tout oublié ; tout ce qui était rude en elle, et son nez large avec une profonde bosse juste au milieu, et des poils sur ses lèvres que beaucoup de jeunes adolescents pourraient lui envier.

Et Sebald Kresz savait très bien de quoi il s'agissait lorsqu'il a épousé Maud Im Hoff alors qu'il avait entre soixante et soixante-dix ans ; et elle n'avait rien d'autre à espérer dans la vie, alors qu'elle se tenait à l'autel avec lui, que de jouer le rôle de nourrice auprès d'un vieil homme maladif et pervers. Mais pour Maud, il semblait aussi juste de prendre soin d'un semblable que pour beaucoup d'autres d'être soigné et chéri ; et c'était la récompense de ses soins fidèles qu'elle pouvait garder le vieil homme de l'emprise de la mort pendant dix ans de plus. Après son décès, elle resta une veuve aisée ; mais au lieu de penser à elle-même, elle entra aussitôt dans une vie de nouveaux soucis, car elle entreprit le devoir de remplir la place de mère pour nous trois orphelins.

En grandissant, elle m'expliquait souvent, de sa voix aimable, aussi grave que le tuyau de basse d'un orgue, qu'elle s'était fixé trois objectifs en nous élevant, à savoir : nous rendre bons et pieux ; nous apprendre à nous mettre d'accord entre nous pour que chacun soit prêt à tout abandonner aux autres ; et pour rendre nos jeunes jours aussi heureux que possible. Dans quelle mesure elle a réussi dans le premier, je laisse à d'autres le soin d'en juger ; mais j'aimerais que n'importe qui me montre une famille plus unie que jamais , et comme il était évident, d'après une centaine de petits signes, à quel point nous étions étroitement serrés les uns contre les autres, les gens parlaient de nous comme des « trois maillons », surtout comme des bras. portés par les Schoppers affichent trois anneaux reliés pour former une chaîne.

Quant à moi, j'étais le plus jeune et le plus petit des trois maillons, et pourtant j'étais celui du milieu ; car s'il arrivait qu'Herdegen et Kunz aient fait telle ou telle chose qui les conduisait à être en désaccord, à s'éviter ou à se défier, ils se retrouvaient toujours en me cherchant et par mes moyens. Mais même si j'ai parfois agi comme pacificateur, cela ne m'est pas honorable, puisque je ne les ai pas réunis par vertu ou intention louable, mais simplement parce que je ne pouvais pas supporter de rester seul ou avec un seul anneau lié à moi.

Hélas! combien loin derrière moi se trouve la jeunesse lumineuse et heureuse dont j'écris maintenant ! J'ai atteint le sommet de la colline de la vie, et même, j'ai depuis longtemps franchi la crête ; et, en regardant en arrière et en pensant à tout ce que j'ai vu et connu, ce n'est pas jusqu'au bout que je pourrai acquérir la sagesse qui me permettra de faire mieux tout en vivant plus longtemps. Mes vieux os sont raides et solidifiés ; il serait vain maintenant d'essayer de les plier. Non, j'écris ce petit livre pour mon propre plaisir, et pour être utile et réconfortant à mes enfants et petits-enfants. Puissent-ils éviter les rochers sur lesquels je me suis meurtri les pieds et sur lesquels j'ai marché fermement, puissent-ils prendre exemple sur l'esprit courageux d'une vieille femme, bien que j'aie appris de mille manières qu'aucun homme ne tire profit d'une expérience autre que sa propre expérience. propre.

donc commencer par le début.

Je pourrais trouver beaucoup de choses à raconter sur mon enfance heureuse, car alors tout semble nouveau ; mais il est utile de ne pas raconter ce que chacun a connu dans sa propre vie, et que peut dire de plus qu'une enfant de Nuremberg de sa petite croissance et de sa vie scolaire. Les brins d'un champ et les arbres d'un bois partagent le même lot sans aucune faveur . Il est vrai qu'à bien des égards, je n'étais pas comme les autres enfants ; car ma cousine Maud disait souvent que je n'accepterais pas les règles comme il sied à une servante, et les lamentations d'Herdegen selon lesquelles je ne suis pas né garçon résonnent encore à mes oreilles lorsque je me souviens de nos jeux sauvages. Quiconque connaît la fenêtre du premier étage, à l'arrière de notre maison, d'où je sautais dans la cour pour faire comme mes frères, serait assez effrayé et trouverait étonnant que j'en sorte avec os entiers; mais pourtant je n'avais pas toujours eu envie de faire des émeutes avec les garçons, et dès mes plus tendres années j'étais une petite bonne très attentionnée. Mais il y avait des choses ; dans ma jeune vie, très apte à aiguiser mon esprit.

Nous, les Schoppers, sommes presque alliés à toutes les familles religieuses de la ville, ou sommes en mesure de siéger au conseil et de porter des armoiries ; celles-ci étant, en effet, à Nuremberg, la classe répondant aux familles de la Signoria à Venise, dont les noms sont inscrits au Libro d'Oro .

Ce que sont là les Barberighi , les Foscari, les Grimaldi, les Giustiniani et autres, les familles Stromer , Behaim , Im Hoff, Tucher , Kresz , Baumgartner, Pfinzing , Pukheimer , Holzschuher , etc. sont avec nous ; et les Schoppers ne figurent certainement pas au dernier rang de la liste. Nous qui nous estimons avoir le droit de porter les armes, de participer à des tournois et d'exercer des fonctions dans l'Église, et qui avons le droit de nous appeler nobles et patriciens, sommes tous plus ou moins amis et parents. Partout où il y avait à Nuremberg une belle maison, nous pouvions y trouver un oncle et une tante, des cousins et des parents, ou du moins des parrains et marraines, et de bons amis de nos parents décédés. Partout où l'un d'eux nous rencontrait , même dans la rue, il disait : « Pauvres petits orphelins ! Que Dieu soit bon pour les orphelins ! et les larmes scintillaient dans les yeux de nombreuses femmes au bon cœur. Même les messieurs du Conseil — car la plupart des anciens de nos amis en étaient membres — caressaient mes cheveux blonds et me regardaient avec autant de pitié que si j'étais un pauvre pécheur pour lequel il ne pouvait y avoir aucune pitié aux yeux du Conseil. juges d'un tribunal de justice.

Pourquoi les hommes me trouvaient-ils si malheureux alors que je ne connaissais aucun chagrin et que mon cœur était aussi gai qu'un oiseau qui chante ? Je ne pouvais pas demander à ma cousine Maud, car elle était très troublée si j'avais seulement mal au doigt, et comment pourrais-je lui dire que j'étais une créature si misérable aux yeux des autres ? Mais je découvris bientôt par moi-même pourquoi et pourquoi ils me plaignaient ; car sept qui me traitaient d'orphelin, soixante-dix me parlaient d'orphelin en s'adressant à moi avec pitié. Notre malheur était que nous n'avions pas de mère. Mais n'y avait-il pas cousine Maud, et n'était-elle pas aussi bonne qu'une mère ? Certes, elle n'était qu'une cousine, et il lui manquait certainement quelque chose de ce que ressent une vraie mère.

Et bien que je n'étais qu'un enfant insouciant et insensé, j'ai gardé les yeux ouverts et j'ai commencé à regarder autour de moi. Je n'ai mis dans le secret que mes frères, et bien que mon frère aîné m'ait réprimandé et m'ait demandé d'être seulement reconnaissant envers notre cousine pour toute sa bonté, j'ai néanmoins commencé à observer et à apprendre.

Il y avait un certain nombre d'enfants dans la maison des Stromer – la Rose d'Or était son nom – et ils étaient toujours heureux d'avoir leur mère. C'était une jeune femme très gaie, ronde comme une cerise, rose et blanche comme du sang sur la neige ; et elle ne me regardait jamais comme les autres, mais gambadait avec moi ou me grondait vivement quand je faisais quelque chose de mal. Chez les Muffels , au contraire, la maîtresse était morte, et le maître avait peu de temps après ramené à la maison une autre mère pour ses petits, une belle-mère, Susan, qui était ma servante, avait l'habitude de l'appeler ; et une telle mère n'était pas plus une vraie mère que notre bonne cousine – je le savais par les contes de fées que j'étais toujours prêt à écouter. Mais j'ai vu cette même belle-mère laver et habiller la petite Elsie, le plus jeune bébé de son mari et non le sien, et la bercer jusqu'à ce qu'elle s'endorme ; et elle l'a fait avec tendresse et tout à fait comme elle le devait. Et puis, quand l'enfant dormait, elle l'embrassa aussi sur le front et sur les joues.

Et pourtant Maîtresse Stromer , de la Maison Golden-Rose, a agi différemment ; car lorsqu'elle sortit de l'eau la petite Clare, qui était son propre bébé, et la déposa sur des langes chauds sur la planche à emmailloter, elle enfouit son visage dans la chair douce et douce, et embrassa tout son petit corps avant de l'embrasser. et derrière, de la tête aux pieds, comme si tout cela n'était qu'une seule bouche douce et rose ; et ils riaient tous les deux avec une gaieté chaleureuse et affectueuse, tandis que la mère pressait ses lèvres contre la peau blanche et propre du bébé et claironnait jusqu'à ce que la pièce sonne, ou le serrait, enveloppé dans des serviettes, contre son sein chaud, comme si elle pouvait le serrer jusqu'à la mort. . Et elle éclata d'un rire bruyant et étrange, et s'écria en le caressant : « Mon trésor, ma chérie, mon joyau envoyé par Dieu ! Le mien, le mien, je pourrais te manger !

Non, Maîtresse Muffel ne s'est jamais comportée ainsi envers Elsie, le bébé de son mari. Néanmoins, je savais très bien que ma cousine Maud m'aimait autant que Dame Stromer ses propres bébés, et jusqu'à présent , notre cousine n'était en rien différente d'une vraie mère. Et je me disais cela, quand je m'endormais le soir dans mon petit lit blanc, et que ma cousine venait et joignait les mains comme je croisais les miennes et, après que nous eussions dit ensemble les prières de l'Angélus, comme nous Chaque soir, elle posait sa tête à côté de la mienne et pressait mon visage de bébé contre son propre grand visage. Cela me plaisait assez et je lui murmurais à l'oreille : « Dis-moi, cousine Maud, n'es-tu pas ma vraie, vraie mère ?

Et elle répondit précipitamment : « Dans mon cœur, je le suis, très sincèrement ; et tu es une jeune fille très chanceuse, ma Margery, car au lieu d'une seule mère, tu en as deux : moi, ici-bas, pour prendre soin de toi et t'élever, et l'autre parmi les anges d'en haut, vous regardant et suppliant la Vierge toute gracieuse qui est si proche d'elle de garder votre petit cœur pur et de vous préserver de tout mal ; et peut-être même porte-t-elle elle-même une gloire. et une couronne céleste. Regardez son visage. Et la cousine Maud a levé la lampe pour que la lumière tombe sur un grand tableau. Mes yeux virent le joli portrait devant moi, et il me sembla qu'il me regardait avec un regard profond et me tendait des bras aimants. Je me suis assis dans mon lit ; les sentiments qui remplissaient mon petit cœur débordèrent de mes lèvres, et je dis à voix basse : « Oh, cousine Maud ! Ma maman pourrait sûrement m'embrasser pour une fois et me caresser comme maîtresse Stromer fait sa petite Clare.

La cousine Maud a posé la lampe sur la table, et sans un mot elle m'a soulevé du lit et m'a tenu tout près du visage du tableau ; et j'ai compris. Mes lèvres effleurèrent doucement les lèvres rouges de la toile ; et comme j'étais d'autant plus heureux, je pensais que ma mère au ciel devait être heureuse aussi.

Alors mon cousin soupira : « Eh bien, eh bien ! et se murmura d'autres mots ; elle m'a recouché dans le lit, a serré la couverture autour de moi comme j'adorais l'avoir, m'a donné un autre baiser, a attendu que j'aie posé ma tête sur l'oreiller et a murmuré : « Maintenant, va dormir et rêve de ta sainte. mère."

Elle quitta la pièce ; mais elle avait laissé la lampe, et dès que je fus seul , je regardai encore une fois le tableau, qui me montrait ma mère bien habillée. Elle avait une rose sur la poitrine, son filet d'or ressemblait à la couronne de la Reine du Ciel, et dans sa robe de brocart riche et raide elle ressemblait à une grande sainte. Mais ce qui me paraissait plus céleste que tout le reste, c'était son jeune visage rose et blanc et la bouche douce que j'avais touchée de mes lèvres. Oh, si j'avais eu une seule fois le bonheur de baiser cette bouche dans la vie ! Un sentiment soudain s'illumina dans mon cœur, et une voix intérieure me dit que mille baisers de la cousine Maud ne vaudraient jamais un seul baiser de cette charmante jeune mère, et que j'avais en effet perdu presque autant que mes amis compatissants l'avaient dit. Et je ne pouvais m'empêcher d'être triste, de pleurer longtemps ; J'avais l'impression d'avoir perdu ce qu'il y avait de meilleur et de plus cher, et pour la première fois je vis que ma bonne cousine était vraiment laide comme les autres le disaient, et ma petite tête idiote comprit qu'une vraie mère devait être belle à regarder. et que, si gentille qu'une autre puisse être, elle ne pourrait jamais être aussi aimable et aimable.

Et alors je me suis endormi; et dans mes rêves, l'image est sortie du cadre vers moi et m'a pris dans ses bras tandis que Madonna prend son Saint Enfant, et m'a regardé avec un regard comme si tout l'amour sur terre s'était rencontré dans ces yeux. Je lui ai jeté mes bras autour du cou et j'ai attendu qu'elle me caresse et joue avec moi comme Maîtresse Stromer avec sa petite Clare ; mais elle secoua doucement et tristement la tête avec la couronne d'or , s'approcha de la cousine Maud et me posa sur ses genoux.

"Je n'ai jamais oublié ce rêve, et souvent dans mes prières j'ai élevé mon cœur vers ma sainte mère et je lui ai crié comme à la bienheureuse Vierge et à sainte Marguerite, ma sainte; et combien de fois elle m'a entendu et "Quant à ma cousine, elle m'était toujours plus chère à partir de cette nuit-là, car si ma propre mère ne m'avait pas donné à elle, et quand les gens me regardaient avec pitié et déploraient mon sort, je pourrais rire dans mon cœur et pensez : " Si seulement vous saviez ! Vos enfants n'ont qu'une mère, mais nous en avons deux ; et notre vraie mère est plus jolie que celle de n'importe quelle autre, tandis que l'autre, malgré sa laide, est la meilleure. " "

C'est la compassion des gens qui m'a d'abord conduit à de telles pensées, et en vieillissant, j'ai commencé à estimer que leur pitié n'avait fait que peu de bien à ma jeune âme. Les amis sont toujours à portée de main pour réconforter chaque travail ; mais rares sont ceux qui viennent partager sa lourdeur, d'autant plus que tous les hommes se plaisent à comparer leur beau sort avec le mauvais sort des autres. La compassion – et je suis le dernier à le nier – est une grâce de guérison noble et juste ; mais ceux qui sont si disposés à l'étendre doivent être prudents quant à la façon dont ils le font, surtout s'il s'agit d'un enfant, car un enfant est comme un jeune arbre qui a besoin de lumière, et ceux qui obscurcissent le soleil qui l'éclaire pèchent contre lui. et entraver sa croissance. Au lieu de le pleurer, réjouissez-le ; c'est le confort qui lui convient.

Je sentais que j'avais découvert un grand et important secret et j'avais hâte de faire connaître notre sainte mère à mes frères ; mais ils l'avaient déjà retrouvée sans aucune aide de leur petite sœur. Je racontai d'abord à l'un puis à l'autre tout ce qui se passait en moi, et quand j'en parlai à Herdegen , l'aîné, je vis tout de suite que ce n'était rien de nouveau pour lui. Kunz, le plus jeune, je l'ai trouvé dans la balançoire ; il volait si haut que je crus qu'il allait se jeter dehors, et je lui criai de s'arrêter une minute ; mais, tandis qu'il serrait plus fort la corde et se ressaisissait pour tenir fermement sur la planche, il s'écria : « Laisse-moi maintenant, Margery ; je veux monter, monter ; jusqu'au ciel, là où est ma mère ! »

C'en était assez pour moi; et depuis cette heure nous parlions souvent ensemble de notre sainte mère, et la cousine Maud avait soin que nous gardions également à l'esprit notre père. Elle fit apporter son portrait, comme celui de ma mère, de la grande salle à manger où il était accroché, dans la grande chambre d'enfants où elle couchait avec moi. Et cette image aussi a marqué mon au-delà ; car lorsque j'ai eu la rougeole, et que Maître Paul Rieter , le médecin de la ville et notre médecin, est venu me voir, il est resté longtemps, comme s'il ne pouvait supporter de partir, debout devant le portrait ; et lorsqu'il se tourna de nouveau vers moi, son visage était tout rouge de tristesse — car il avait été l'un des amis préférés de mon père, à Padoue — et il s'écria : « Quelle heureuse enfant tu es, petite Margery !

J'ai dû le regarder assez perplexe, car personne ne m'avait jamais estimé chanceux, à moins que ce ne soit la cousine Maud ou les Waldstromers dans la forêt ; et Maître Paul a dû remarquer mon étonnement, car il a continué. "Oui, tu es un enfant heureux; car ainsi le sont tous les bébés, filles ou garçons, qui viennent au monde après la mort de leur père." Tandis que je le regardais en face, non moins étonné qu'auparavant, il posa le pommeau d'or de sa canne contre son nez et dit : « Souviens-toi, petit niais, le bon Dieu ne serait pas ce qu'il est, ne serait pas un homme d'honneur. — Dieu pardonne ces paroles — s'il n'a pas pris un enfant qu'il avait privé de son père avant qu'il ait vu la lumière ou qu'il ait eu une preuve de son amour sous ses propres soins particuliers. Remarquez ce que je dis, mon enfant. Est-ce un petit chose d'être la tutelle d'un gardien qui est non seulement Tout-Puissant mais vrai avant toute vérité ? Et ces paroles m'ont suivi toute ma vie jusqu'à cette heure même.

CHAPITRE II.

Ainsi s'écoula notre enfance, comme je l'ai déjà dit, dans un très grand bonheur ; et au moment où mes frères avaient laissé loin derrière eux les ficelles principales et étudiaient leur « Donatus », la cousine Maud m'apprenait à lire et à écrire, et cela avec beaucoup de gaieté et des manières les plus ludiques. Par exemple, elle tamponnait quatre exemplaires de chaque lettre sur des gâteaux au miel sucrés, et quand je les connaissais bien , elle m'a donné ces petits gâteaux ABC, et j'en ai mangé un moi-même, et j'ai donné les autres à mes frères, ou à Susan, ou mon cousin. Souvent je les mets dans mon cartable pour les emporter avec moi dans les bois, et les donner au chien préféré de mon cousin Gotz ou à son bec-croisé ; car lui-même n'aimait pas les sucreries. J'aurai bien des choses à raconter sur lui et sur la forêt ; Même quand j'étais tout petit, c'était ma plus grande joie d'apprendre que nous allions dans les bois, car là demeurait le plus cher et le plus fidèle de tous nos parents : mon oncle Waldstromer et sa famille. Le majestueux pavillon de chasse dans lequel il demeurait comme chef forestier du Lorenzerwald au service de l' empereur et de notre ville, me procurait de plus grandes joies que tout autre, car non seulement il y avait les bois avec tous leurs délices et leurs merveilles, mais aussi, outre de nombreux chiens de chasse, un certain nombre de bêtes étranges et d'autres passe-temps qu'un enfant de la ville connaît peu.

Mais ce que j'aimais le plus, c'était le fils unique de mon oncle et de ma tante Waldstromer , pour le chien duquel je gardais mes lettres de gâteau ; car, bien que mon cousin Gotz fût de onze ans plus âgé que moi, il ne me méprisait pas pour autant, mais chaque fois que je lui demandais de me montrer ceci ou cela, ou de m'apprendre quelque petit métier forestier, il laissait ses aînés me plaire.

Quand j'avais six ans, je suis allé un jour dans la forêt avec un capuchon de velours écarlate, et depuis lors, il m'a toujours appelé son petit « Chaperon rouge », et j'aimais qu'on m'appelle ainsi ; et de tous les garçons et garçons que j'ai jamais rencontrés parmi les amis de mes frères ou autres, je pensais qu'aucun ne pouvait se comparer à Gotz ; mon cœur naïf était si entièrement à lui que je mentionnais toujours son nom dans mes petites prières.

Jusqu'à l'âge de neuf ans, nous étions allés dans la forêt trois ou quatre fois par an pour passer quelques semaines ; mais ensuite on m'envoya à l'école, et comme la cousine Maud prenait cela très à cœur, parce qu'elle savait que mon père tenait beaucoup à la bonne instruction, nous faisions de telles visites plus rarement ; et en effet, la stricte maîtresse qui dirigeait mon enseignement ne m'aurait jamais permis d'approfondir mon savoir pour le plaisir.

Sœur Margaret, communément appelée la Chartreuse, était le nom de la femme singulière qui fut choisie pour être mon professeur. Elle était à la fois l'âme la plus pieuse et la plus instruite du monde ; elle était prieure d'un couvent chartreux et avait écrit dix grands livres de chœur , entre autres. Bien que la règle de son ordre interdisait de parler, elle était autorisée à enseigner.

Oh, comme j'ai tremblé lorsque la cousine Maud m'a emmené pour la première fois au couvent.

En règle générale , ma langue ne restait jamais silencieuse, sauf lorsque Herdegen me chantait ou pensait à haute voix, me racontant ses rêves sur ce qu'il ferait lorsqu'il serait devenu chancelier ou capitaine en chef de l'armée impériale, et avait trouvé la fille d'un comte ou d'un prince à ramener chez elle dans son grand château. D'ailleurs, le bois sauvage était pour moi une seconde demeure, et maintenant j'étais enfermé dans un couvent où le silence autour de moi m'écrasait comme un corsage trop serré. Les murs de la vaste antichambre, où je devais attendre, étaient couverts de divers textes en latin, et plusieurs fois ces mots étaient répétés sous un crâne.

"Aussi amer qu'il soit de vivre un Chartreux, il est bien doux d'en mourir."

Il y avait un crucifix dans un sanctuaire, et tellement de sang rouge vif coulait de la couronne d'épines et des blessures que le corps sacré en était à moitié recouvert, et j'avais très peur à cette vue - oh, je ne trouve pas de mots pour cela. ! Et pendant tout ce temps, les religieuses les unes après les autres se glissaient à travers la chambre en silence, la tête baissée, les bras croisés, sans même lever un œil pour me regarder.

C'était en mai ; la journée était belle et agréable, mais je commençais à frissonner, et j'avais l'impression que le printemps avait fleuri et disparu, et j'avais soudain oublié comment rire et être heureux. Bientôt, un chat s'est glissé à l'intérieur, a sauté sur le banc où j'étais assis et a courbé le dos pour se frotter contre moi ; mais je m'éloignai, quoique j'aimais habituellement jouer avec les animaux ; car il me regardait étrangement avec ses yeux verts, et j'eus soudain la peur qu'il se transforme en loup-garou et me fasse du mal.

Enfin, la porte s'ouvrit, et une femme en costume de nonne entra avec ma cousine ; elle était la plus grande d'une tête. Je n'avais jamais vu une femme aussi grande, mais la religieuse était également très maigre et ses épaules étaient à peine plus larges que les miennes. Bientôt, en effet, elle se baissa beaucoup, et à mesure que le temps passait, je la vis toujours le dos courbé et la tête baissée. On a dit qu'elle souffrait d'une blessure à la colonne vertébrale et qu'elle avait pris cette forme courbée à cause de l'écriture, ce qu'elle faisait toujours la nuit.

D' abord, je n'osai pas la regarder en face, car ma cousine m'avait dit qu'avec elle je devais être très appliqué, que l'oisiveté n'échappait jamais à ses yeux perçants ; et Gotz Waldstromer connaissait le sens de la devise latine par laquelle elle commençait tous ses écrits : « Prends garde à ce que Satan ne te trouve pas oisive ! » Ces mots me traversèrent l'esprit à ce moment-là ; J'ai senti son regard fixé sur moi, et j'ai sursauté alors qu'elle posait ses doigts froids et fins sur mon front et, fermement, mais pas sans douceur, me faisait relever ma tête tombante. Je levai les yeux, et comme j'étais heureux quand, sur son visage pâle et maigre, je ne voyais rien d'autre qu'une vraie et douce bonne volonté.

Elle m'a demandé d'une voix basse et claire, mais à peine au-dessus d'un murmure, quel âge j'avais, quel était mon nom et ce que j'avais déjà appris. Elle parlait en phrases courtes, pas un mot de trop, ni trop peu ; et elle m'a toujours fixé mes tâches de la même manière ; car même si, par dispense, elle pouvait parler, elle gardait toujours à l'esprit qu'au dernier jour, nous devions rendre compte de chaque parole que nous prononçons.

Enfin, elle parla de mes saints parents, mais elle dit seulement : « Ton père et ta mère te voient toujours ; sois donc diligent à l'école afin qu'ils se réjouissent en toi. Demain et chaque matin à sept heures. Puis elle m'embrassa doucement sur la tête, salua ma cousine sans un mot et nous tourna le dos. Mais ensuite, tandis que je marchais en plein air, heureux de bouger, que je revoyais le ciel bleu et les vertes prairies, et que j'entendais les oiseaux chanter et les enfants jouer, j'ai senti comme un fardeau s'enlever de ma poitrine. ; mais je sentis aussi le baiser de la grande religieuse silencieuse, et comme si elle m'avait donné quelque chose qui me faisait honneur.

Le lendemain matin , je suis allé à l'école pour la première fois ; et tandis que les parrains et marraines d'un enfant ont coutume de ne lui envoyer que des paquets de friandises lorsqu'il va à l'école, j'en ai eu beaucoup de divers parents et d'autres de nos amis, parce qu'ils me plaignaient comme un malheureux orphelin.

Je pensais plus à mes richesses et à la manière de les distribuer qu'à l'école et aux tâches ; et comme mon cousin ne mettait qu'un seul paquet dans mon petit cartable , j'en ai fourré un autre, tout petit, que m'avait envoyé la riche maîtresse Grosz, avec une meilleure sorte de friandises, dans le portefeuille qui pendait à ma ceinture.

En chemin, j'ai regardé les gens pour voir s'ils avaient remarqué comment j'allais, et mon petit cœur a battu vite lorsque j'ai rencontré mon cousin Gotz devant la forge de maître Pernhart . Il était venu de la forêt pour vivre en ville, afin d'apprendre la comptabilité auprès des collecteurs d'impôts. Nous nous saluâmes gaiement, et il tira ma tresse et continua son chemin, tandis que j'avais l'impression que cette rencontre m'avait effectivement porté chance.

À l'école, bien sûr, j'ai dû oublier immédiatement ces folies ; car parmi les seize élèves de sœur Margaret , j'étais bien au-dessous de la plupart d'entre eux, non pas, certes, en stature, car j'étais bien adulte pour mon âge, mais en âge et en savoir, et cela, je devais le découvrir avant que la première heure ne soit passée.

Quinze d'entre nous appartenaient aux grandes familles de la ville, et ce jour-là, étant le premier jour de l'année scolaire, nous étions tous soigneusement vêtus de belles étoffes de laine de Florence ou de Flandre et de bas tricotés colorés. Nous avions tous de fines collerettes en dentelle autour des poignets de nos manches serrées et des devants carrés de nos corsages ; chaque petite fille portait un ruban de soie pour nouer ses nattes, et presque toutes avaient des anneaux d'or aux oreilles et une épingle d'or sur la poitrine ou à la ceinture. Une seule portait une tenue simple, contrairement aux autres, et elle, bien que son herbe soit propre et ajustée, était vêtue de vêtements gris et pauvres, filés maison. En la regardant, je ne pouvais m'empêcher de penser à Cendrillon ; et quand j'ai regardé son visage, puis ses pieds pour voir s'ils étaient aussi soignés et aussi petits que dans le conte, j'ai vu qu'elle avait de petites chevilles et de jolis petits souliers ; et quant à son visage, je crus n'en avoir jamais vu un aussi beau et en même temps aussi étrange pour moi. Oui, elle semblait venir d'un autre monde que celui dans lequel moi et les autres vivions ; car nous avions les cheveux clairs ou bruns, les yeux bleus ou gris et des visages rouges et blancs sains ; tandis que Cendrillon avait un front bas et de grands yeux sombres, d'étranges cils longs et fins et soyeux ; et de lourdes tresses de cheveux noirs lui descendaient dans le dos.

Ursula Tetzel était considérée par les garçons comme la jeune fille la plus charmante de nous toutes ; et je savais très bien que la fleur qu'elle portait dans son corsage lui avait été offerte par mon frère Herdegen tôt ce matin-là, parce qu'il l'avait choisie pour sa « Dame », et disait qu'elle était la plus belle ; mais en la regardant à côté de cet inconnu, je crus qu'elle était d'une condition plus pauvre.

De plus, Cendrillon m'était étrangère, ainsi que toutes les autres que je connaissais bien, mais il me fallut patienter une heure entière avant de pouvoir demander qui était cette belle Cendrillon, car sœur Margaret nous surveillait, et aussi longtemps que je a été enseigné par elle, personne à aucun moment n'a eu l'audace de parler pendant les cours ou de s'aventurer dans un passe-temps.

Enfin, après quelques minutes de repos, j'ai demandé à Ursula Tetzel, qui venait à l'école du couvent depuis un an. Elle étendit sa lèvre inférieure rouge avec un air de mépris et dit que le nouvel érudit avait été introduit parmi nous mais qu'il n'appartenait pas à nos semblables. Sœur Margaret, quoique elle-même issue d'une maison noble, avait oublié ce qui nous était dû, à nous et à nos familles, et avait accueilli cette chauve-souris grise par pitié. Son père était simple employé à la chancellerie et comptable au couvent pour un petit salaire. Il s'appelait Veit Spiesz , et elle avait entendu son père dire que le scribe était le fils d'un simple joueur de luth et qu'il pouvait à peine gagner de quoi vivre. Il avait autrefois servi dans une maison de marchand à Venise. Là, il avait épousé une Italienne, et tous ses enfants, qui étaient nombreux, avaient comme elle des cheveux et des yeux noirs comme le diable. Dans l'intérêt d'un "Dieu te récompense!" cette servante, nommée Ann, avait été amenée à se mêler à nous, filles de maisons nobles. " Mais nous allons la harceler, " dit Ursule, " vous verrez ! "

Cela m'a profondément choqué et j'ai dit que ce serait cruel et que je n'aurais aucune part à une telle affaire ; mais Ursula rit et dit que je n'étais encore qu'une chose verte, et elle se tourna vers la tablette de la fenêtre où tous les nouveaux venus avaient disposé leurs friandises à la demande de l'aîné ou du premier de la classe ; car, selon une ancienne coutume, toutes les friandises apportées par les novices le premier jour étaient en commun.

Toute la fête se pressait autour du tas de friandises, qui devenait de plus en plus grande, et j'étais parmi les autres quand je vis que la fille du scribe Ann, Cendrillon, se tenait seule et baissait la tête près du poêle en faïence au bout du chambre. Je me précipitai aussitôt vers elle, lui pressai dans la main le petit paquet que maîtresse Grosz m'avait remis, car je l'avais encore caché dans mon sac, et lui murmurai : « J'en avais deux, petite Ann ; dépêche-toi et verse-les. les sur le tas.

Elle m'a lancé un regard interrogateur avec ses grands yeux, et quand elle a vu que je le pensais vraiment, elle a hoché la tête, et il y avait quelque chose dans son regard en larmes que je ne pourrai jamais oublier ; et je me souviens aussi que lorsque je lui ai remis le petit paquet dans la main, il semblait que c'était moi, et non elle, qui avais reçu la faveur.

Elle donna à l'aînée les friandises qu'elle m'avait prises, sans dire un mot et ne parut pas remarquer qu'ils se moquaient tous de la petitesse du paquet. Mais bientôt leur mépris se transforma en joie et en louanges ; car du paquet de Cendrillon tombaient sur le tas des friandises aussi fines que jamais personne n'en avait apportées avec elle, et parmi elles se trouvait une petite fiole d'essence de roses du Levant.

Au début, Ann m'avait jeté un regard anxieux, puis elle avait l'air de ne pas s'en soucier ; mais quand l'huile de roses apparut, elle la prit fermement dans sa main pour me la donner. Mais Ursule s'écria : « Non, tout ce que les nouveaux arrivants apportent, c'est pour tous un partage ! Néanmoins, Ann posa sa main sur la mienne, qui tenait déjà la fiole, et dit hardiment : « Je donne ceci à Margery, et je renonce à tout le reste.

Et il n'y avait personne pour lui dire non ou pour la gêner ; et lorsqu'elle refusait de manger avec eux, chacun s'efforçait de la presser au point de lui revenir.

Lorsque sœur Margaret revint dans la pièce , elle regarda pour nous trouver en bon ordre et en silence ; et pendant que nous l'attendions, Ann me murmura, comme pour se mettre en face de moi : « J'avais un paquet de friandises ; mais il y a quatre petits à la maison.

La cousine Maud attendait à la porte du couvent pour me ramener à la maison. Comme je partais à bonne allure, main dans la main avec ma nouvelle amie, elle regarda de la tête aux pieds le costume simple de la petite bonne, et ce n'était pas avec bonté. Et elle m'a fait lâcher prise, mais pourtant comme par hasard, car elle s'est interposée entre nous pour redresser ma capuche. Puis elle s'occupa de mon foulard et me murmura à l'oreille : « Qui est-ce ?

Alors j'ai répondu : « Petite Ann ; » et quand elle a continué à me demander qui pouvait être son père, je lui ai dit qu'elle était la fille d'un scribe et qu'elle était sur le point de parler d'elle avec une bonne volonté chaleureuse, lorsque mon cousin m'a arrêté en disant à Ann : « Que Dieu te garde, mon enfant ; Margery et moi devons nous dépêcher. Et elle s'efforçait de me faire monter et descendre ; mais je luttais pour me libérer d'elle et je m'écriais avec l' orgueil volontaire que j'avais l'habitude de montrer à cette époque lorsque je pensais que les gens empêcheraient ce qui me semblait bon et juste : « La petite Ann viendra avec nous.

Mais la petite servante était également fière et dit fermement : « Soyez respectueuse, Margery, je peux y aller seule. A cela, la cousine Maud la regarda de plus près, et là-dessus ses yeux eurent la douce lumière de la bonne volonté que j'aimais si bien, et elle commença elle-même à interroger Ann sur ses parents. La petite servante répondit volontiers mais modestement, et quand ma cousine comprit que son père était un certain écrivain à la Chancellerie dont elle avait entendu parler en bon sujet, elle se montra plus douce et plus douce, de sorte que lorsque je reprenais la petite main d'Ann elle la laissa passer, et aussitôt, au moment de se séparer, l'embrassa sur le front et lui dit de porter un salut à son digne père.

Or, quand j'étais seul avec la cousine Maud et que je lui faisais comprendre que j'aimais la petite fille du scribe et que je ne souhaitais pas d'amie plus chère, elle répondit gravement ; "Les petites servantes ne peuvent avoir de conversation qu'avec celles dont les mères se rencontrent dans les maisons des autres. Prenez patience jusqu'à ce que je puisse parler à sœur Margaret." Ainsi , quand mon cousin sortait l'après-midi, j'étais dans l'attente la plus anxieuse ; mais elle revint à la maison avec une bonne nouvelle célèbre, et désormais Ann fut une amie à laquelle je me serrai presque aussi étroitement qu'à mes frères. Et lequel d'entre nous fut le principal gagnant, il serait difficile de le dire, car alors que je trouvais en elle une compagne de confiance à qui je pouvais transmettre tout ce qui était à peine digne des oreilles de mes frères ou de mon cousin, et avant tout mon la bienveillance enfantine pour mon cousin Gotz et l'amour de la forêt, la place dans mon cœur et dans notre maison était pour elle comme un havre de paix lorsqu'elle avait besoin de repos après les lourdes tâches qu'elle avait, malgré sa si jeune âge. déjà prise sur elle.

CHAPITRE III.

Il est vrai que la classe où j'ai appris au couvent était soumise aux règles les plus strictes et que mon professeur était une chartreuse ; et pourtant je prends plaisir à évoquer les années où mon esprit bénéficiait du bénéfice de l'école auprès de camarades amicaux et aux côtés de mon meilleur ami. Bien plus, même au milieu de la demeure silencieuse des sœurs muettes, de vrais rires joyeux pouvaient être entendus pendant les heures de repos, et malgré les murs épais de la salle de classe, ils parvenaient aux oreilles des religieuses. Bien qu'au début j'étais frappé de crainte et timide en leur présence, je me suis vite familiarisé avec leur étrange manière de vivre, et il y en avait beaucoup d'entre eux que j'ai appris à vraiment aimer : avec certains aussi, nous pouvions parler et plaisanter correctement. joyeusement, car ils avaient certes de bonnes oreilles, et nous ne tardâmes pas à apprendre le langage de leurs yeux et de leurs doigts.

Quant à la règle du silence, personne, à ma connaissance, ne l'a jamais violée en présence de nous, les petites, sauf sœur Renata, et elle a été renvoyée du couvent ; pourtant, à mesure que je vieillissais, je pouvais voir que les religieuses étaient aussi désireuses d'entendre toutes les nouvelles de la vie extérieure qui pourraient trouver un chemin dans le cloître, comme s'il n'y avait rien qui leur tenait plus à cœur que le monde dont elles s'étaient retirées par le cloître. leur propre libre choix.

Pour ma part, j'ai toujours été et je reste jusqu'à la fin une des moins propres à l'habit chartreux, bien que sœur Marguerite peignait les béatitudes et le pouvoir purificateur de son Ordre dans des couleurs belles et tentantes. Dans les heures consacrées à l'enseignement sacré, lorsqu'elle répandait sur nous la richesse débordante et la grâce abondante de son esprit aimant - au point de gagner pas moins de quatre âmes de notre petit nombre à la fraternité - elle avait l'habitude et était heureuse de Parlez de cette question et diriez qu'il y avait un esprit céleste vivant et se déplaçant dans chaque sein humain. Qu'il nous disait, avec la voix claire et sainte des anges, ce qui était divin et vrai, mais que le bruit du monde et nos vaines imaginations sonnaient plus fort et ne permettaient pas que nous l'entendions. Mais que ceux qui ont adopté la règle chartreuse et l'ont écoutée sans voix, dans une maison silencieuse, ne prêtant pas l'oreille aux voix lointaines du dehors, mais seulement à celles du dedans, apprendraient bientôt à entendre la voix céleste avec l'oreille intérieure et sauraient son avertissement. Cette voix leur déclarerait la gloire et la volonté du Dieu Très-Haut , et leur révélerait les choses cachées de telle sorte que même ici-bas il puisse participer aux joies du paradis.

Mais, bien que je n'aie jamais été chartreuse et que ma langue ait toujours été encline à parler trop librement, je conçois que j'ai trouvé l'Esprit céleste au plus profond de mon âme et que j'ai entendu sa voix ; mais en vérité cela m'est arrivé le plus clairement et avec le plus de joie, lorsque mon cœur a été le plus rempli de cet amour mondain que les Chartreuses fermaient de cent portes. Et encore, lorsque j'ai été ému de cet amour pour mon prochain qu'on appelle charité, et que je me suis fatigué pour lui, n'épargnant rien de ce qui m'appartenait, j'ai senti assez clairement dans mon cœur ces émotions divines.

La sœur nous a demandé de l'interroger à tout moment sans crainte, et j'ai toujours été le premier d'entre nous à la tourmenter avec des communications . Certes, elle ne pouvait pas toujours satisfaire mon âme assoiffée de connaissances, même si elle ne manquait jamais de la calmer ; car je restais ferme dans la foi, et tout ce qu'elle pouvait me dire sur la révélation de Dieu à l'homme, je l'acceptais avec joie, sans doute ni hésitation. Elle nous avait enseigné que la foi et la connaissance sont des choses distinctes, et je sentais qu'il ne pourrait y avoir plus de paix pour mon âme si je laissais la connaissance se mêler de la foi.

Conduit par elle, j'ai vu le Sauveur comme l'amour incarné ; et que l'amour qu'Il a apporté au monde était encore et toujours un être vivant agissant selon Sa volonté, je m'efforçais de le confesser avec mon esprit réfléchi. Mais j'ai vu même les archevêques et les évêques partir au combat et verser le sang de leurs semblables avec une rage vengeresse ; J'ai vu le pape excommunier le pape, car le grand schisme n'a pris fin que lorsque j'étais encore à l'école ; des villes paisibles, dans leur cruel besoin, se lièrent par des traités, sous nos yeux, pour se défendre contre les chevaliers et les seigneurs chrétiens. Les bandes de voleurs des grands nobles pillaient les marchands sur la route de l'empereur , bien qu'ils fussent du même credo, tandis que les citoyens s'efforçaient de s'emparer des places fortes des chevaliers. Nous avons entendu parler de bien plus de lettres de défi que de lettres de rétablissement de la paix et d'amitié. Même les bourgeois de notre bonne ville chrétienne, l'amour enseigné par le Rédempteur ne pourrait-il pas prévaloir même parmi eux ? Et comme pour les grands, ainsi pour les simples ; car était-ce l'amour seul qui régnait parmi nous, jeunes filles dans une école chrétienne ? Non, en vérité ; car je n'oublierai jamais comment Ursula Tetzel, et en communion avec elle une bonne moitié des autres, ont poursuivi ma douce et sage Ann, la plus diligente et la meilleure de nous toutes, pour la chasser de notre milieu ; mais en vain, grâce à la droiture justice de sœur Margaret. Bien plus, les conspirateurs astucieux voulaient enfin voir la fille du scribe élevée pour être notre tête, et cela les obligea à plier leur orgueil devant elle.

Tout cela et bien plus encore, je dirais à la bonne Sœur ; non, et j'ai eu l'audace de lui demander si l'ordre du Christ selon lequel nous devrions aimer notre ennemi n'était pas trop élevé pour être atteint par l'esprit de l'homme. Cela la rendait grave et réfléchie ; Pourtant, elle ne manqua pas de paroles réconfortantes et dit que le Seigneur avait seulement montré le chemin et la fin. Ces hommes s'étaient malheureusement détournés des deux ; mais que de nombreux ruisseaux erraient à travers divers détours depuis le chemin jusqu'à leur but, la mer, avant de l'atteindre ; et que l'humanité était merveilleuse comme le fleuve, car, même s'ils se déchirent encore maintenant dans des combats sanglants, le jour viendra où l'ennemi offrira à l'ennemi la palme de la paix, et où il n'y aura qu'un seul troupeau sur terre et un seul berger. .

Mais mes interrogations anxieuses, alors que je n'étais qu'un enfant, avaient sans doute troublé son esprit pur et véridique. C'était pendant la semaine de la Passion, de ma cinquième année d'école - et au cours de ces années, elle était devenue plus courbée et sa voix était devenue plus basse, de sorte que nous avions souvent du mal à l'entendre - qu'il est tombé que elle ne pouvait plus quitter sa cellule ; et elle m'a envoyé une offre pour aller à son chevet, et avec moi seulement deux d'entre nous tous : à savoir mon Ann et Elsa Ebner, une bonne enfant et une abeille assidue dans son travail.

Et il arriva que pendant que sœur Margaret sur son lit de mort nous faisait ses adieux pour toujours , avec beaucoup de rapidité divine et de bons conseils pour le reste également, son cœur s'adoucit et elle continua en parlant de l'amour que chaque âme chrétienne doit à son prochain. et eke vers son ennemi. Elle me regardait particulièrement et m'avouait de ses lèvres pâles qu'elle-même avait souvent eu du mal à aimer les adversaires méchants et ceux dont les voies étaient contraires aux siennes, comme le lui ordonnait la loi du Sauveur . A ces jeunes d'entre nous qui avaient décidé de prendre le voile, elle avait, avant cela, plus particulièrement montré ce qui était nécessaire ; car leur chemin était clair devant eux, marcher en disciples du Christ, aussi amer que cela puisse être pour leur nature humaine ; mais nous étions tenus de vivre dans le monde, et elle ne pouvait que nous conseiller de fuir la haine, le pire ennemi de l'âme et le plus rusé de tous les démons. Mais s'il arrivait que notre cœur ne puisse se dompter après une vaillante lutte pour aimer tel ou tel , alors devrions-nous au moins nous efforcer de respecter tout ce qu'il y a de bon et de louable en lui, dans la mesure où nous trouverions jamais quelque chose. digne d'honneur même dans les choses les plus désagréables et les moins agréables à nous-mêmes. Et ces paroles, je les ai toujours gardées à l'esprit, et elles m'ont souvent fait réfléchir, lorsque le sang brûlant des Schoppers m'a ordonné de me baisser et de ramasser une pierre pour la lancer sur mon voisin.

Trois jours à peine après nous avoir ainsi invités à ses côtés, sœur Margaret entra dans son repos ; elle avait été notre enseignante stricte mais douce, et son savoir était aussi bien supérieur à celui de la plupart des femmes de son temps que les cieux sont hauts ; et comme son corps mortel gisait, non plus courbé, mais de tout son long dans le cercueil, la sainte dame, qui avant de prononcer ses vœux avait été comtesse de Lupfen , appartenait, me semblait-il , à une race plus grande que la nôtre d'une tête. Une dignité calme et royale se reflétait sur son noble visage maigre ; et, ce cadavre étant le premier, en tombant, que j'aie jamais vu, cela a tellement travaillé sur mon esprit que la mort, dont j'avais eu peur jusqu'alors, a pris dans ma jeune âme l'image d'un grand Maître à qui nous devons certes nous incliner, mais qui n'est pas notre ennemi.

Je n'ai jamais pu mériter des éloges comme Ann, qui était de loin à notre tête ; même si je me suis toujours tenu haut. Et les bons que j'ai emportés à la maison ont suffi à contenter la cousine Maud, car son grand souhait que ses enfants adoptifs surpassent les autres a été largement exaucé par Herdegen , l'aîné. Il était en effet rempli d'apprentissage endormi, pour ainsi dire, et j'ai souvent pensé qu'il n'avait besoin que d'une instruction appropriée et d'un bon départ pour se réveiller. Car même lui n'a pas atteint son savoir sans peine, et ceux qui croient que cela lui est entré bouche bée se trompent lourdement. Maintes fois, je me suis assis à ses côtés pendant qu'il étudiait ses livres, et j'ai pu voir comment il se mettait au travail sérieusement alors qu'il avait autrefois abandonné le sport et les passe-temps. Ainsi, avec trois coups puissants, il enfonçait le clou, ce qu'une main plus faible ne pourrait pas faire avec vingt. Pendant des semaines entières, il pouvait rester oisif et s'occuper de diverses affaires qui n'avaient aucun rapport avec l'école ; puis, tout d'un coup, je me suis mis au travail ; et elle posséderait si entièrement son âme qu'il n'aurait pas vu une pierre tomber près de ses pieds.

Mon deuxième frère, Kunz, n'était pas du tout de cet avis. Non pas qu'il ait l'esprit doux ; loin de là. Son esprit était aussi clair que celui d'un autre pour toutes les questions de la vie quotidienne ; mais il avait du mal à apprendre l'érudition, et ce qu'Herdegen pouvait maîtriser en une heure, il lui fallait une journée entière pour l'acquérir. Il n'était pourtant pas du nombre des cancres, car il s'efforçait avec diligence, et il préférait perdre une nuit de sommeil plutôt que de laisser ce qu'il considérait comme un devoir à moitié accompli. Ainsi, il avait des demi-heures pénibles à l'école ; mais il n'était pas à plaindre pour cela, car il avait une âme vraiment joyeuse, il était facilement content et aimait beaucoup de choses. La bonne humeur et la bonne humeur ressortaient de ses grands yeux bleus ; oui, et quand il avait fait une farce qui était de nature à lui causer des ennuis, il avait un regard dans ses yeux – un regard qui aurait pu faire fondre une pierre de pitié, bien plus bonne cousine Maud.

Mais cela ne lui profitait pas entièrement, car après cela, Herdegen avait découvert un jour avec quelle facilité Kunz se libérait du châtiment et le priait de prendre sur lui bien des méfaits que l'aîné avait commis ; et Kunz, qui avait le cœur tendre, préférait subir le châtiment plutôt que de le voir infliger à son frère bien-aimé. Ajoutez à cela que Kunz était un jeune homme élancé et favorisé ; mais comparé à l'apparence splendide et à la silhouette solide d'Herdegen, il n'avait rien de plus que commun. C'est pour cette raison qu'il n'avait pas de méchants, tandis que la beauté rare de notre aîné à tous égards et son caractère précipité, toujours prêt à déborder pour le bien ou le mal, lui attiraient beaucoup de mauvaise volonté et de mépris.

Lorsque la cousine Maud vit à quel point Kunz tirait peu de profit de son érudition, malgré son zèle, elle songea à lui trouver un gouverneur particulier pour lui enseigner ; et elle le fit sur l'avis d'un savant docteur en droit de l'Église, Albrecht Fleischmann, vicaire et prévôt de Saint- Sebald et membre du conseil impérial, parce que nous, Schoppers , étions de la paroisse de Saint- Sebald , à laquelle se trouvaient Albrecht et Friedrich. Schopper , que Dieu ait leur âme, avait attaché une riche dotation prébendaire.

Son Révérend le prébendaire Fleischmann, ayant assisté au concile de Costnitz , où il fut envoyé par les anciens de la ville avec diverses commissions à l'empereur Sigismond, qui était engagé dans une dispute avec Jean Huss, le schismatique bohémien, apporta à la connaissance de mon cousin un gouverneur dont le nom était Peter Pihringer , originaire de Nuremberg. C'est lui qui a apporté la langue grecque, qui n'était pas encore enseignée dans les écoles latines de notre ville, non seulement dans notre maison, mais aussi dans d'autres ; il ne ressemblait en effet pas du tout aux hommes et aux héros de grande âme dont parlait son Plutarque , bien plus, c'était un petit homme tout à fait pitoyable, qui n'avait rien appris de la vie, mais encore davantage dans les livres. Il avait beaucoup voyagé en Italie, d'un grand médecin humaniste à l'autre, et tandis qu'il s'était assis à leurs pieds, nourrissant son âme de savoir, son argent avait fondu entre ses mains, tout ce qu'il avait hérité de son père, un digne cabaretier et maître boulanger. Il avait prêté une grande partie de ses biens à de faux amis pour ne plus les revoir, et on aurait peine à croire combien de fois des coquins avaient séduit ce savant homme avec ses biens. Enfin, il revint à Nuremberg, un voyageur nécessiteux , entrant dans la ville par la même porte que celle par laquelle Huss était parti le même jour, après avoir séjourné à Nuremberg en route vers Costnitz et avoir convaincu plusieurs de nos savants savants à sa doctrine. . Or, après que le maître Pierre eut écrit contre ledit Hans Huss une homélie très savante, pleine de beaucoup de grec, dont on rapportait même qu'elle avait fait sourire l'intrépide bohémien au milieu de sa douleur, il trouva il eut pour patron le docteur Fleischmann, qui fut très satisfait de ce traité, et gagna désormais sa vie en enseignant diverses matières. Mais il courait mal, demeurant seul, dans la mesure où il oubliait de manger et de boire et égarait ou perdait son salaire à peine gagné. Un jour, la garde municipale dut le raccompagner chez lui parce qu'au lieu d'un livre, il portait un jambon que lui avait donné un potin ; et un autre jour, on le vit courir dans les rues avec son bonnet de nuit, à la grande joie des garçons et des filles.

Il ne se montra cependant pas du tout indigne des éloges dont Son Révérend le Prébendaire l'avait félicité, dans la mesure où il était non seulement un érudit, mais également un enseignant fidèle et patient. Mais sa sagesse a profité à Herdegen , à Ann et à moi plutôt qu'à Kunz, bien que ce soit pour lui qu'il soit venu vers nous ; et comme, touchant la personne de cet homme étrange, ma cousine me raconta plus tard que lorsqu'elle l'avait vu pour la première fois, elle avait pris une telle horreur de ses misérables regards qu'elle était prête à lui dire de s'en aller et à prier le révérend docteur de nous envoyer un autre gouverneur. . Mais par pitié, elle voulut néanmoins le mettre à l'épreuve, et considérant que je serais bientôt adulte et que le cœur d'une jeune fille est une chose étrange, elle estima qu'un jeune professeur pourrait le mettre en péril.

A l'époque où maître Pihringer est venu habiter chez nous, Herdegen était déjà assez élevé pour passer au lycée, car il était le premier de son « ordo » ; mais notre tuteur, le vieux chevalier Hans Im Hoff, dont j'aurai beaucoup à dire, estimait qu'il était encore trop jeune pour les risques d'une vie d'écolier libre dans un lycée loin de chez lui, et il le garda encore deux ans. à Nuremberg, à l'école des Frères du Saint-Esprit, même si l'enseignement n'y était pas des meilleurs. Quoi qu'il en soit, maître Pihringer avoua que, dans tous les domaines du savoir, nous étions extrêmement en retard sur les Italiens ; et combien était rude et barbare le latin parlé par les révérends Pères et enseigné par eux dans les écoles, j'ai moi-même eu plus tard le moyen d'en juger.

Leur façon de transmettre cette langue était en vérité une chose étrange ; car pour fixer la quantité de syllabes dans l'esprit des apprenants, on leur faisait chanter des vers en chœur, tandis que l'un d'eux, sur la tête duquel le père Hieronymus posait un bonnet en papier pour marquer son office, frappait la mesure avec une épée en bois. ; mais quelles farces malicieuses cette déroute indisciplinée jouerait tout le temps que Kunz pourrait décrire mieux que moi.

Les grandes et célèbres œuvres des chroniqueurs et des poètes romains, que notre Maître avait appris à bien connaître en Italie, et dont il possédait d'ailleurs de belles copies, n'avaient jamais entendu parler à l'école des Pères, parce que ces écrivains n'étaient que de simples auteurs. païen aveugle; mais, en vérité, les catéchismes scolaires communs qui étaient donnés aux jeunes enfants pour leur instruction contenaient des choses si stupides et si mal conçues, que n'importe quel païen sage en aurait eu honte. L'exercice le plus élevé consistait en des discussions sur toutes sortes de questions subtiles et capricieuses, et les vers latins que les savants martelaient sous le règne du père Jodocus étaient si ignobles qu'ils excitaient une grande et juste colère du maître Pierre. Chaque matin, avant le début des tâches de la journée, on chantait le bel hymne Salve Regina, et cela se faisait bien mieux dans l' école des Frères que dans aucune autre, car ces moines accordaient une attention particulière à la pratique de la bonne musique. Mon Herdegen en profita beaucoup et il fut le premier de tous les savants chanteurs. Il participait également volontiers et de son plein gré aux exercices des anciens élèves, dont douze, appelés Pueri , devaient chanter à la sainte messe, aux enterrements et aux fêtes, ainsi que dans les rues devant les maisons des de grandes familles citadines et d'autres citoyens dignes. L'argent qu'ils gagnaient ainsi servait à entretenir les savants les plus pauvres et, bien sûr, mon frère était prêt à renoncer à sa part ; bien plus, et une grande partie de son argent de poche allait à ces douze, car parmi eux se trouvaient des camarades qu'il aimait vraiment.

Il y avait quelque chose de noble chez mon frère aîné, et ses semblables étaient toujours soumis à sa volonté. Même lors des matchs de tir sportif, il était toujours choisi comme capitaine, et le pueri chantant allait bientôt exécuter tous ses ordres. La cousine Maud leur offrait des terres communes gratuites bien des dimanches et jours fériés, et lorsqu'ils avaient bien rempli leurs jeunes récoltes affamées à notre table pour la semaine à venir de nourriture maigre, ils sortaient avec nous dans le jardin, et bientôt il sonna. avec des chants joyeux, Herdegen battant la mesure, tandis que nous, les jeunes filles, nous y joignions avec volonté.

La plupart du temps, nous trois : Ann, Elsa Ebner et moi, étions les seules servantes avec les garçons, mais Ursula Tetzel était parfois avec nous, car elle avait toujours envie d'être là où se trouvait Herdegen . Et il avait été assez diligent en l'attendant avant que j'aille à l'école. Il y avait des échanges de fleurs et de bouquets, car il l'avait choisie pour sa Dame, et elle l'appelait son chevalier ; et si je le voyais avec un nœud rouge sur sa casquette , je savais bien que c'était pour porter sa couleur ; et moi-même j'aimais bien tous ces jeux d'enfants, dans la mesure où j'avais aussi la couleur que j'avais choisie : le vert, comme celui de mon cousin de la forêt.

Mais lorsque je suis entré à l'école du couvent, tout cela a pris fin et je n'ai eu d'autre choix que de renoncer à mes amours d'enfant, non seulement pour le bien de mes tâches, mais aussi parce que j'ai compris que Gotz avait des amours plus graves. main, et que celui-ci a ému ses parents dans une grande tristesse.

La jeune fille à qui il avait promis son amour était la fille d'un artisan ordinaire, Pernhart , le chaudronnier, et quand cela m'est venu à l'oreille, cela m'a beaucoup irrité ; non, et cela m'a coûté des larmes amères, comme je l'ai dit à Ann. Mais peu de temps après, nous jouions à nouveau avec nos chariots, très heureux.

J'ai néanmoins pris cette question à cœur, plus que bien d'autres de mes années n'auraient pu le faire ; et quand nous sommes retournés au Forest Lodge et que Gotz m'a manqué de chez lui, et qu'un jour, alors qu'il tombait, j'ai entendu ma tante se lamenter amèrement auprès de la cousine Maud des chagrins que son fils unique lui avait apportés - car il était entièrement déterminé à prendre la jeune fille qui travaille pour femme dans un saint mariage – dans mon cœur, j'ai pris le parti de ma tante. Et je considérais comme une chose honteuse et douloureuse qu'un si bon jeune homme puisse s'abaisser pour faire peser du fardeau sur les meilleurs parents pour le bien d'une jeune fille de basse naissance.

Après cela, un dimanche, par hasard, j'allais à la messe avec Ann à l'église Saint-Laurent, au lieu de celle de Saint-Sebald à laquelle nous appartenions. Après avoir dit ma prière, regardant autour de moi, j'aperçus Gotz , et je vis comment, appuyé contre un pilier, il tenait son regard fixé sur un certain endroit. Mes yeux suivirent les siens, et aussitôt je vis où ils étaient attirés, car je vis une jeune fille de la classe citoyenne bien, voire même richement vêtue, et elle était elle-même d'une beauté si rare et si merveilleuse que je ne pouvais moi-même prendre conscience. mes yeux la quittent. Et je me rappelai que j'avais rencontré la jeune fille un jour, le jour de la Saint-Jean, et que mon oncle Christian Pfinzing , mon vénérable parrain, l'avait montrée à la cousine Maud et lui avait dit qu'elle était la plus belle servante de Nuremberg. ils appelèrent, avec raison, la belle Gertrude.

Maintenant, plus je la regardais, plus je la trouvais belle, et quand Ann me découvrit, ce que j'avais tout de suite deviné, que cette douce jeune fille était la fille de Pernhart , le chaudronnier, mon cœur d'enfant se réjouit, car si ma cousine était sans conteste, la plus belle figure d'homme de toute l'assemblée. La belle Gertrude était, à mon avis, la plus douce servante du monde entier.

S'il avait été possible qu'elle soit encore plus belle, cela n'aurait fait qu'ajouter à ma joie. Et désormais j'allais aussi souvent que je le pourrais à Saint-Laurent et devant la maison du chaudronnier pour voir la belle Gertrude ; et mon cœur battait haut de joie lorsqu'un jour elle me vit passer et s'inclina gracieusement devant mon salut silencieux et me regarda en face avec une interrogatoire amicale.

Après cela, lorsque Gotz est venu chez nous , je l'ai accueilli avec plaisir comme auparavant ; et un jour, alors que j'osais lui murmurer à l'oreille que j'avais vu sa belle Gertrude, et qu'il est certain qu'aucune sainte au ciel ne pouvait avoir un visage plus doux que le sien, il me remercia d'un regard brillant et ce fut du fond du cœur. son âme qu'il dit : « Si seulement tu pouvais connaître son fidèle cœur d'or !

Malgré tout cela, Götz m'était plus cher qu'autrefois, et cela me réconfortait dans ma propre vanité qu'il puisse accorder une telle confiance à un jeune insensé comme moi. Mais plus tard, cela me rendit triste de voir son visage franc et noble devenir toujours plus triste, voire plein de tristesse ; et je savais très bien ce qui le peinait, car un enfant peut souvent voir bien plus que ne le pensent ses aînés. Les choses en étaient arrivées à une vive querelle entre le fils et les parents, et je connaissais bien mon cousin et sa volonté de fer qui était chez nous un synonyme. Et ma tante dans la Forêt était du même caractère ; bien que son corps fût malade, elle faisait partie de ces femmes qui ne supportent pas qu'on leur résiste, et mon cœur se serrait de peur lorsque je concevais l'issue de cette affaire.

C'était donc pour moi une véritable bénédiction d'avoir mon Ann pour amie et de pouvoir lui confier tout ce qui remplissait de peurs ma jeune âme. Comme nos joues brûlaient lorsque nous parlions maintes fois de l'amour qui était le lien entre Gotz et sa belle Gertrude. Pour nous, en effet, c'était encore un mystère, mais nous considérions comme une certitude qu'il était doux et plein de joie. Nous aurions été obligés de crier à l' empereur et au monde de prendre les armes contre les parents impitoyables qui voulaient fouler dans la poussière une fleur si sainte ; mais comme cela n'était pas en notre pouvoir, nous rêvions d'essayer de toucher le cœur de ma tante de la forêt, car elle n'avait qu'un fils et aucune fille pour la rendre heureuse, et j'avais toujours été sa préférée.

Ainsi se passèrent plusieurs semaines, et un matin, en sortant de l'école, je trouvai Gotz avec la cousine Maud qui lui avait parlé, et ses yeux étaient mouillés de larmes ; et je l'entendis crier :

"Il est dans le pouvoir de ma mère de me conduire à la misère et à la ruine ; mais aucune puissance au ciel ou sur terre ne peut me pousser à rompre le serment et à renoncer à la foi que j'ai jurée !"

Et ses joues étaient rouges, et je ne l'avais jamais vu aussi beau et aussi grand.

Puis, quand il m'a vu, il m'a tendu ses deux mains avec sa franchise et son amour, et je les ai prises de tout mon cœur. A cela, il me regarda dans les yeux pleins de larmes, et il m'attira précipitamment à lui et m'embrassa sur le front pour la première fois de sa vie, avec une étrange passion ; et sans ajouter un mot, il sortit en courant de la porte de la maison dans la rue. Ma cousine le regardait en secouant tristement la tête et en s'essuyant les yeux ; mais quand je lui demandais ce qui n'allait pas avec ma cousine, elle ne me donnait aucune nouvelle.

Le lendemain, nous aurions dû sortir dans la forêt, mais nous sommes restés à la maison ; Tante Jacoba ne verrait personne. Son fils avait tourné le dos à la demeure de ses parents et était sorti comme un étranger parmi des étrangers. Et ce fut la première douleur douloureuse envoyée par le Ciel sur mon jeune cœur.

CHAPITRE IV.

Beaucoup des plus beaux souvenirs de mon enfance sont liés à la maison où vivaient les parents d'Ann. Ce n'était en effet qu'une simple maison et ne devait pas être nommée avec la nôtre, le Schopperhof , pour sa grandeur ou pour sa richesse ; mais c'était un nid douillet, et à bien des égards si différent des autres qu'il était plein de plaisirs pour un enfant.

Maître Spiesz , le père d'Ann, avait été invité de Venise, où il était au service de la maison de marchands Mendel, à devenir chef de bureau à Nuremberg, d'abord à la Chambre des Impôts, puis à la Chancellerie, poste respectable de beaucoup. confiance. Son père était, comme l'avait dit Ursula Tetzel à l'école, joueur de luth ; mais il avait longtemps été considéré comme le chef et le chef des professeurs du noble art de la musique, et était si grandement respecté par le clergé et les laïcs qu'il fut nommé maître et chef de la chorale de l'église, et même dans les maisons des nobles de la ville. son enseignement du luth et du chant était réputé le meilleur. C'était un vieil homme bien disposé et joyeux, d'un cœur et d'un caractère rares, et de merveilleuses bonnes intentions. Quand le vénérable conseil municipal proposa à son fils Veit Spiesz revint à Nuremberg, le vieillard dut lui aménager une maison convenable, car lui-même se contentait d'une petite chambre, et le scribe était alors marié à la belle Giovanna, fille d'un des Sensali ou courtiers de la Fondaco allemande , et doit avoir sa propre maison et son propre foyer.

> [Sensali —Agents qui dirigeaient toutes les affaires commerciales entre les marchands allemands et vénitiens. Pas la moindre affaire ne fut réglée sans leur intervention, en raison des devoirs exigés par la République. Le Fondaco était le nom de la grande bourse établie par la République elle-même pour le commerce allemand.]

Le musicien, qui avait vécu à Venise comme étudiant, eut l'idée de donner à sa belle-fille une maison à Nuremberg, comme la maison de son père, qui se trouvait sur l'un des canaux de Venise ; il trouva donc une maison avec des fenêtres donnant sur la rivière, et qu'il jugea donc propre à soulager son mal du pays. En vérité, la dame vénitienne était contente de l'emplacement de sa maison, et encore plus des soins affectueux que le vieil homme lui prodiguait ; bien que la maison fût trop haute et si étroite qu'il n'y avait que deux fenêtres à chaque étage. Il n'y avait donc aucun moyen d'aller et venir dans la maison des Spiesz , mais seulement de monter et descendre. Néanmoins, la dame vénitienne l'aimait, et je l'ai entendu dire qu'il n'y avait pas d'endroit plus agréable dans tout Nuremberg que la fenêtre du deuxième étage de sa maison. Là se trouvaient son rouet et sa boîte à couture ; et un brillant miroir de Venise, qu'elle appelait par plaisanterie « Dame Inquisitrice », lui montrait tout ce qui se passait sur le fleuve et sur la Fleisch-brucke , car sa maison n'était pas loin de celles qui faisaient face aux frères franciscains. Là, elle régnait dans la paix et le bon ordre, dans l'amour et toute la douceur, et ses enfants prospéraient comme les fleurs sous sa main : roses, auricules, roses et pensées ; et quiconque passait devant la maison en bateau pouvait entendre la joie à l'intérieur et la voix des chants. Car les enfants Spiesz avaient une oreille musicale fine, tant de la part de leur grand-père que de leur mère, et des voix douces, claires et semblables à celles d'une cloche. Mon Ann était la reine de toutes, et sa gorge de rossignol attirait même Herdegen vers elle avec une grande puissance.

Un seul des enfants du scribe, le petit Mario, était exclu du monde sonore, car il était né sourd-muet ; et quand Ann restait sous notre toit, rarement en effet et pour peu de temps, son séjour était bref à cause de lui ; car elle le soignait avec tant de soin et d'amour comme si elle avait été sa propre mère. Même si cela lui causait beaucoup de peine, celles-ci n'étaient rien comparées aux joies sincères que lui apportaient l'amour et la bonne rapidité de cette enfant ; car bien qu'il soit ainsi né pour le chagrin, grâce aux soins fidèles de sa sœur, il devint une créature heureuse et reconnaissante. Souvent, ma cousine Maud était témoin de l'enseignement qu'elle donnait à son petit frère, et tout ce qu'Ann faisait pour l'enfant lui paraissait si pieux et si merveilleux qu'il brisait la dernière barrière qui s'opposait à notre étroite communion. Et la mère bien-aimée d'Ann a également gagné les bonnes grâces de mon cousin, même si elle a été prompte à remarquer que la dame italienne ne pouvait pas tomber malade avec les mœurs allemandes, et en particulier avec celles de Nuremberg, et qu'elle était toujours prête à laisser Ann porter le fardeau. du ménage.

Tous nos amis les plus proches, et au premier rang desquels mon vénérable parrain, oncle Christian Pfinzing , aimèrent bientôt vraiment ma petite Ann ; et parmi tous nos camarades, je n'en connaissais qu'une qui était mal disposée à son égard, et c'était Ursula Tetzel, qui marquait, avec une colère mal dissimulée, que mon frère Herdegen se souciait de moins en moins d'elle, et faisait beaucoup de mal à Ann. courtoisie avec laquelle il l'avait autrefois favorisée. Elle ne pouvait dissimuler sa colère, et quand mon frère aîné attendait Ann le jour de sa fête avec les ' pueri ' pour lui faire une 'serenata' sur l'eau, alors qu'il y a un an il avait fait le même honneur à Ursula, elle est tombé sur mon ami dans notre jardin avec des paroles si féroces et si cruelles que mon cousin a dû s'interposer entre eux, puis pour tempérer ma grande colère en disant qu'Ursula était une enfant sans mère, dont les manières précipitées n'avaient jamais été freinées par une main aimante.

Lorsque je me souviens de ces jours-là, je le fais avec une gratitude et une joie sincères. Il est vrai que cela a déplu à notre grand-oncle et tuteur, le chevalier Im Hoff, que la cousine Maud me permette, fille d'une maison noble, de me mêler à la race basse d'un simple scribe ; mais en vérité, Ann était de loin plus susceptible d'être blessée dans notre maison, parmi mes frères et leurs camarades, que moi dans la paisible maison au bord de la rivière, où l'on n'entendait jamais que des paroles convenables et des chants doux, ni jamais vu que du travail. et bon ordre et contenu.

J'étais vraiment heureux d'y rester; mais pourtant, comme c'était bon quand Ann a eu la permission de venir chez nous tout le dimanche, de midi jusqu'au soir ; quand nous nous asseyions pour la première fois et bavardions et jouions seuls ensemble, et parlions de tout ce que nous avions fait à l'école ; par la suite, nous avions mes frères avec nous et sortions prendre l'air sous la garde de mon cousin ou du magister Peter, ou restions à la maison pour chanter ou nous amuser.

Après l'Ave Maria, le vieil organiste Adam Heyden , grand-oncle d'Ann, venait la chercher, et de nombreux et doux souvenirs demeurent dans mon esprit de cet homme digne et doué, que je pourrais écrire si je n'étais le débiteur d'Ann. pour tant de choses qui ont rendu mon enfance heureuse. C'est elle, sans aucun doute, qui m'a la première appris à véritablement jouer ; car tandis que mes poupées, mes hommes d'armes et mes jeux de magasin, quoique petits, ressemblaient en tous points aux vrais grands, elle n'avait qu'un bâton de bois entouré d'un foulard qu'elle balançait dans ses bras pendant un moment. bébé; et quand elle jouait à un jeu de magasin avec les petits, elle marquait des pierres et des feuilles comme étant leurs marchandises et leur argent, et trouvait ainsi un passe-temps bien plus grand que nous lorsque nous jouions avec des figues, des amandes et des clous de girofle dans de petits coffres en bois et du linge. des sacs en tissu et les pesait avec des poids en laiton sur de petites balances munies d'une langue et d'une ficelle. C'est elle qui a mis l'imagination au service de mes passe-temps, et elle a souvent porté mon imagination assez loin du Pegnitz , au-delà des mers et des rivières jusqu'aux bosquets de palmiers et aux pays des fées dorées.

Notre communion avec mes frères lui était reconnaissante comme à moi ; mais il me semble que c'était une chose différente dans ces premières années de ce qu'elle fut plus tard. Pendant que j'écris, un certain jour d'été de cette époque révolue me revient à l'esprit étrangement clair. Nous avions assez joué dans notre chambre, et nous trouvâmes qu'il faisait trop chaud dans le grenier sous les toits, où nous avions grimpé sur les poutres, qui étaient grandes, et nous descendîmes dans le jardin. Herdegen nous avait quittés en toute hâte après midi, et nous ne trouvâmes que Kunz, qui façonnait des flèches pour son arbalète. Mais il ne tarda pas à jeter son couteau et vint se joindre à nous, et comme il était bien disposé à considérer Ann comme mon amie, il fit de son mieux pour se rendre agréable, ou du moins remarquable à ses yeux. Il s'est mis sur la tête, puis a grimpé au sommet du plus grand arbre fruitier et a jeté des poires, mais elles lui ont frappé la tête au point qu'elle a crié ; puis il faisait tourner une roue sur ses mains et ses pieds, et encore un peu, et sa chaussure la frappait au visage ; et lorsqu'il s'aperçut qu'il ne faisait que nous déranger, il s'en alla tout triste, mais seulement pour se cacher derrière un buisson, et, au moment où nous passions, il se précipita dehors et nous fit peur par des cris sauvages.

Mon frère aîné nous a presque plus effrayés lorsqu'il nous a rejoint, car ses cheveux étaient tout en désordre et son air sauvage. Il était maintenant à un âge où les hommes-enfants considéraient les servantes comme faibles et impropres au vrai sport, mais faisaient néanmoins de leur mieux pour être marqués et choisis par elles. C'est pourquoi les bonnes grâces d'Ursula, dont elle avait fait preuve ouvertement, lui avaient depuis longtemps beaucoup plu, mais à ce moment-là, il était las d'elle et commençait à concevoir que la bonne petite Ann, avec sa voix de rossignol, lui plaisait davantage.

Après nous avoir salués à la hâte, il nous a immédiatement mis au courant d'une mauvaise affaire. L'un de ses camarades, Laurence Abenberger , fils d'un apothicaire, qui était assidu à l'école et d'un merveilleux esprit pieux, consacrait tout son temps libre à toutes sortes d'arts magiques, et bien qu'il n'eût que dix-sept ans, il avait déjà jeté des nativités pour beaucoup de gens et pour nous, les servantes, et nous avait fait part de divers mauvais présages pour l'avenir. Cet Abenberger , un petit garçon sans importance, avait trouvé dans des journaux anciens une recette pour découvrir un trésor et avait confié le secret à Herdegen et à quelques autres. Pour commencer, ils allèrent avec lui au cimetière, et là, à la pleine lune, ils versèrent du plomb chaud dans l'œil gauche d'un crâne et en firent des pointes de flèches. Hier soir, ils étaient allés jusqu'à Sinterspuhel , et là, à minuit, ils s'étaient arrêtés au carrefour et avaient tiré avec ces mêmes pointes de flèches jusqu'aux quatre quartiers, afin de pouvoir creuser un trésor partout où les flèches pourraient tomber. . Mais ils ne trouvèrent aucun trésor, mais un corps nouvellement enterré, et s'enfuirent en toute hâte. Herdegen était seulement resté avec Abenberger , et quand il vit que le mort avait de profondes blessures à la tête, il voulut porter la nouvelle aux juges en conseil ; néanmoins il attendrait un peu, car Abenberger l'avait prié de garder le silence et de ne pas l'amener à une mauvaise fin. Mais en passant devant l'école d' armes , il avait appris qu'un apprenti manquait, et qu'on craignait qu'il n'ait été assailli par des pilleurs ou qu'il ne soit tombé entre de mauvaises mains ; il considérait donc maintenant qu'il était de son devoir évident de ne plus garder le silence concernant la découverte du corps, et désirait être conseillé par moi et Ann. Tandis que, pour ma part, je déclarais brièvement et clairement que l'information devait être déposée immédiatement auprès de Son Honneur le Maire , un étrange tremblement tomba sur Ann, et bien qu'elle ne puisse pas me dire non, elle avait tellement peur que de graves malheurs pourraient survenir. Herdegen, à cause de son acte irréfléchi, que les larmes coulaient à flots sur ses joues, et cela m'a coûté de grandes peines pour ne pas pouvoir la réconforter, aussi courageuse et raisonnable qu'elle était habituellement. Mais Herdegen était très content de ses trop grandes terreurs ; et même s'il se moquait d'elle, il l'appelait son fidèle et craintif petit lièvre et lui mettait dans les cheveux le rose qu'il portait en justaucorps. A cela, elle fut bientôt redevenue elle-même ; elle lui conseilla aussitôt de faire ce que c'était son devoir de faire ; et lorsque par la suite les autorités eurent procédé à une enquête, il apparut que nos gars étaient en vérité tombés sur le corps de l'apprenti tué. Et bien que Herdegen ait fait de son mieux pour garder le silence sur les méfaits d'Abenberger , ils sont néanmoins ressortis par d'autres moyens et le pauvre être a été renvoyé de l'école.

Deux ans plus tard, les choses avaient changé dans notre foyer.

Les douze « pueri » avaient été nos invités au dîner et chantaient dans le jardin des chansons joyeuses que nous connaissions bien, et je me joignis à eux avec Ann et Ursula Tetzel. Maintenant, pendant que Herdegen battait la mesure, son oreille était attentive au chant d'Ann, comme s'il y avait une révélation sur ses lèvres ; et son compagnon bien-aimé, Heinrich Trardorf , qui autrefois, avec modestie, me préférait, Margery, semblait également très affecté par son chant ; et quand nous avons fini , il s'est engagé dans une conversation passionnée avec elle, car il lui avait déploré que, bien qu'il m'aimait bien, comme étant le fils de gens simples, il ne lèverait jamais si haut les yeux.

de Herdegen se posèrent sur eux deux avec une certaine colère ; puis il se leva précipitamment ! Il arracha les dernières roses précieuses de la cousine Maud dans son buisson préféré et les donna à Ursula, puis la servit comme si elle était la seule servante présente. Mais bientôt son père vint la chercher, et aussitôt qu'elle fut partie, rayonnante de ses roses, Herdegen vint précipitamment vers moi et, sans juger Ann digne d'être même regardée, me dit même du bien. Je lui ai tenu la main et je lui ai demandé de venir à moi pour m'aider à l'empêcher de partir, car l'un des pueri était sur le point de jouer du luth pour que les autres dansent. Elle s'avança comme le devrait une honnête servante, le regarda de ses grands yeux et le supplia gentiment de rester avec nous.

Trardorf de la main et répondit sèchement : « Je ne veux pas y aller à moitié ! » Et il se tourna pour se diriger vers la porte.

Ann le prit par la main, et sans rien dire de ses manières avec Ursula, non pas en guise de réprimande mais comme dans un profond chagrin, elle dit : « Si tu pars, tu me fais du mal. Je n'ai aucun plaisir mais quand tu es là, et qu'est-ce que je me soucie d'Heinrich ?

C'était tout ce dont il avait besoin ; ses yeux rencontrèrent de nouveau les siens avec des regards brillants, et depuis cette heure de notre enfance elle ne connut d'autre volonté que la sienne.

À partir de ce moment-là, Ann s'est également éloignée de tous les autres garçons, et quand il était là, il semblait qu'elle n'avait ni yeux ni oreilles, sauf pour lui et moi seuls. Elle ne prêtait guère attention à Kunz ; cependant il ne manquait jamais de la servir et de veiller à lui rendre son service, comme si elle était la fille d'un grand seigneur, et lui rien de plus que son page.

Ann m'a avoué librement qu'elle considérait Herdegen comme le jeune homme le plus noble de la terre, et je ne pouvais pas non plus m'étonner, alors que j'étais moi-même du même avis. Que savais-je, quand j'avais quatorze ou quinze ans, de l'amour et de ses dangers ? J'avais ressenti autant d'amour pour Gotz qu'Ann pour mon frère aîné, et comme j'avais alors été heureux que ma chère cousine ait gagné l'amour d'une aussi belle jeune fille que Gertrude, je croyais également qu'Ann serait un jour heureuse si Herdegen confiez sa promesse à une jolie demoiselle de haut rang. C'est pourquoi j'ai fait tout ce qui était en moi pour les réunir chaque fois que cela était possible, et en vérité cela arrivait assez souvent sans mon aide ; car la musique seule n'était pas un lien entre eux, ni le fait qu'Herdegen et moi lui ayons appris à monter à cheval sur le chemin sablonneux derrière nos écuries - les leçons de grec pour lesquelles le maitre Peter était venu dans la maison étaient un plaidoyer pour lui. ils passèrent plusieurs heures ensemble.

J'ai mis du temps à apprendre cette langue ; mais la tête d'Ann n'était pas moins habile que celle de mon frère, et il était impatient et diligent de maintenir sa bonne vitesse à la même vitesse que la sienne, comme elle était si prompte à l'appréhender. Ainsi, tous deux furent enfin assez avancés pour mettre le grec en allemand, et alors le Magister Peter fut invité à leur prêter son aide. Or, le changement chez le digne homme, après avoir mangé pendant quatre ans à notre table, était tel que beaucoup auraient dit que c'était un miracle. Lors de sa première venue chez nous, il nous dit lui-même qu'il se sentait un fils voué à la malchance, et qu'il osait à peine regarder homme ou femme en face ; et quelle bonne figure il faisait maintenant, malgré les diverses farces jouées à sa simplicité par mes frères et leurs camarades, non, et parfois par moi.

Beaucoup de personnes avant cela ont souligné que le dieu Amor est le meilleur maître d'école ; et quand notre Magister avait appris à moins se baisser, voire presque à se tenir droit, quand, comme maintenant, il portait son bon manteau neuf à larges manches pendantes, des bas bien ajustés, un col blanc comme neige bien raidi et même un une élégante plume noire dans son béretta, quand non seulement il lissait ses cheveux mais les oignait, tout cela, à ses débuts, était dû à son grand et véritable amour pour mon Ann, alors qu'elle n'était encore qu'une enfant.

Ma prudente cousine Maud avait, il est vrai, rendu de bons services au dieu aveugle de l'Amour ; plusieurs fois, elle remettait de sa propre main une affaire que le Magister avait mise de travers, et à diverses occasions, elle lui donnait un morceau de drap fin, et avec lui le prix du travail du tailleur, en couleurs vives. nouvelle pièce enveloppée dans du papier de couleur. Elle le mettait à l'ordre et à respecter ses heures, et quand les paroles graves ne suffisaient pas, elle pouvait se moquer de lui avec une moquerie amicale, qui ne fait de mal à personne, dans la mesure où c'est le résultat d'un bon cœur. C'est ainsi qu'au moment où Herdegen devait entrer au lycée d'Erfurt, le magister Peter n'était pas étrangement différent des autres érudits de sa position ; et quand il lui arrivait d'avoir à parler des grands maîtres du savoir italien ou des glorieux écrivains grecs, j'ai vu son œil s'éclairer comme celui d'un jeune homme.

Notre tuteur veillait sur la rapidité d'apprentissage de mes frères. Le vieux chevalier Im Hoff était un homme un peu sévère et timide dans son espèce, mais rarement un autre possédait une telle richesse ou était aussi hautement respecté dans notre ville. Il était notre grand-oncle, tout comme le vieil Adam Heyden était celui d'Ann, et il serait difficile de trouver deux hommes moins semblables.

Lorsqu'on nous demandait de payer notre devoir à mon tuteur, cela se faisait rarement, mais avec beaucoup de plaintes et de grossièreté ; alors que c'était toujours une fête que d' accompagner Ann chez l'organiste. Il demeurait dans un bel appartement situé en haut de la tour au-dessus de la ville, et il pouvait regarder depuis ses fenêtres, comme Dieu Tout-Puissant regarde la terre depuis les cieux lumineux, au-dessus de Nuremberg et de la forteresse sur la colline, le large anneau. de forêt qui la garde au nord, à l'est et au sud, les prairies et les villages s'étendant entre les bois, et les murs et tourelles de notre bonne ville, et les détours de la rivière Pegnitz . Il aimait se vanter d'être le premier à souhaiter la bienvenue au soleil et le dernier à lui souhaiter une bonne nuit ; et peut-être était-ce à la lumière, à laquelle il avait si bien part, que son esprit devait sa toujours joyeuse bonne humeur. Il était toujours prêt à plaisanter et à faire un petit cadeau pour nous, les enfants ; et, même si ces objets coûtaient peu d'argent, ils nous apportaient beaucoup de joie. Et en effet , jamais personne à Nuremberg n'avait distribué autant de jetons et fait ainsi plaisir à tant de cœurs et de visages qu'Adam Heyden . Il est vrai qu'après une vie conjugale courte mais heureuse , il était resté veuf et sans enfant, et n'avait aucun souci à épargner pour ses héritiers ; et pourtant Gottfried Spiesz , le grand-père d'Ann, avait raison lorsqu'il disait qu'il avait plus d'enfants que jamais à Nuremberg, dans la mesure où il était comme un père pour tous les garçons et toutes les servantes de la ville.

Quand il marchait dans la rue, tous les petits étaient aussi heureux d'avoir rencontré le Christ Seigneur ou Saint Nicolas ; et tandis qu'ils s'accrochaient à sa longue robe de la main gauche, de la droite ils se remplissaient la bouche de pommes ou de gâteaux dont ses poches semblaient ne jamais être vides.

Mais Maître Adam avait son côté faible, et nombreux étaient ceux qui lui reprochaient d'être trop friand de bonne liqueur. Bien qu'il buvait à sa manière, d'une manière non inconvenante. À savoir, certains jours de l'année, il restait seul dans sa tour, et on pouvait voir sa lampe briller jusqu'à minuit. Là, il s'asseyait seul, avec sa jarre et sa coupe de vin, et il buvait le premier, le deuxième et le troisième en silence, à la bonne vitesse d'Elsa, sa défunte épouse. Après cela, il se mit à chanter à voix basse, et devant chaque tasse fraîche, en la levant, il criait à haute voix : « Prosit , Adam ! et quand elle fut vide : "Je te remercie chaleureusement, Heyden !"

ainsi jusqu'à ce qu'il ait bu plusieurs cruches et que la tour semble tourner autour de lui. Puis dans son lit, où il rêvait de son Elsa et du bon vieux temps, des gens qu'il avait aimés, de ses fréquentations de jeunesse et de toutes les choses belles et merveilleuses que sa beuverie solitaire avait amenées à son regard intérieur. Le lendemain matin, il était fidèle à son devoir. Il passait ses soirées communes, qui ne l'intéressaient pas, avec les gens de Spiesz , dans la petite maison au bord de la rivière, ou bien dans la taverne des messieurs du Frohnwage ; car bien que l'on ne s'y rencontrât que ceux appartenant aux familles nobles de la ville, aux savants et aux artistes de renom, Adam Heyden , l'organiste, était considéré comme leur égal et un hôte de droit bienvenu.

Et maintenant, en ce qui concerne notre grand-oncle et tuteur, le chevalier Sir Sebald Im Hoff.

Beaucoup comprendront que ma peur à son égard s'est accrue après qu'un soir, par hasard, je suis entré dans sa chambre à coucher et que j'y ai vu un cercueil noir dans lequel il avait l'habitude de dormir chaque nuit, pour ainsi dire dans un lit. Il était facile de voir chez l'homme lui-même qu'un profond chagrin ou un lourd péché lui rongeait le cœur, et néanmoins il était l'un des vieux messieurs les plus majestueux que j'ai rencontré au cours de ma longue vie. Son visage semblait moulé dans du métal et était d'une merveilleuse finesse , mais d'une pâleur mortelle et immuable . Ses cheveux neigeux tombaient en longues mèches sur son col de fourrure de zibeline, et sa barbe courte, coupée en pointe, était également d'une blancheur argentée. Lorsqu'il se levait , il était beaucoup plus grand que la moyenne et il marchait avec la dignité d'un prince. Pendant de nombreuses années, il avait cessé d'aller chez les autres, mais beaucoup d'autres le recherchaient. Dans chaque famille de rang élevé, à l'exception de la sienne, la famille Im Hoff, partout où grandissait un mâle ou une servante, on lui les amenait ; mais de tous, il n'y en avait que deux qui osaient s'approcher de lui sans crainte. C'étaient mon frère Herdegen et Ursula Tetzel ; et tout au long de ma jeunesse, elle fut la seule âme que la mienne avait complètement exclue.

Néanmoins, je dois, pour l'amour de la justice , avouer qu'elle a grandi pour devenir une demoiselle très appréciée. En outre, elle était la seule progéniture d'une maison riche et noble. Elle a quitté l'école un an avant Ann et moi, et après cela, son père, un homme hautain et bourru, qui avait perdu depuis longtemps sa femme, sa mère, se piquait de lui donner des vêtements qui auraient pu convenir à sa fille. d'un comte ou d'un prince-électeur. Et les brocarts, les fourrures fines, les chaînes et les fermoirs coûteux qu'elle portait ornaient extrêmement bien sa forme haute et ronde, et elle les dominait si hautament que le vénérable conseil municipal fut poussé à émettre un ordre contre trop de splendeur dans l'herbe des femmes. .

Elle était, en vérité, la dernière demoiselle que j'aurais souhaité voir ramenée à la maison comme maîtresse du Schopperhof , et pourtant je savais très bien, avant que mon frère parte au lycée, que notre grand-oncle comptait sur se donner elle et lui en mariage. Maître Tetzel les montrait également lorsqu'ils se tenaient côte à côte, si hauts et si beaux, comme s'ils formaient une paire ; et ce vieillard, dont le visage était aussi gris, froid et impur que tout autour de sa fille était brillant et gai, se comporterait avec une humilité totale et rendrait hommage au garçon qui montrait à peine le premier duvet sur sa lèvre et son menton, parce que il le considérait, qui était l'héritier de son grand-oncle, comme son propre gendre.

Certes, beaucoup savaient que le riche vieux Im Hoff avait l'intention de laisser de grandes dotations à la Sainte Église, et il me semblait qu'il était louable et sage qu'il fasse tout ce qu'il avait en lui pour gagner les prières du Bienheureux. Vierge et les chers saints ; car la mauvaise action qui l'avait transformé d'un chevalier fringant en un pénitent solitaire pourrait bien peser en tourment sur sa pauvre âme. Je répéterai ici sous peu tout ce que je savais moi-même à ce sujet.

Dans sa jeunesse, mon grand-oncle avait en effet porté la tête haute et tenait tellement à son écusson et à ses ancêtres chevaliers qu'ils méprisaient toutes les dignités civiques comme si elles n'étaient qu'une petite affaire. Puis, alors qu'au milieu du siècle dernier, la loi impériale interdisait à toutes les villes d'organiser des tournois, il se rendit à la cour, et fut adoubé chevalier par l' empereur Charles, et gagna gloire et honneur grâce à de nombreux coups de lance astucieux. Sa beauté virile plus que commune lui a valu la faveur des dames, et comme il préférait ce qui était noble et chevaleresque à toutes les autres grâces , il n'épouserait aucune fille de Nuremberg mais l'enfant sans le sou du baron von Frauentrift . Mais mon grand-oncle avait fait un mauvais choix ; sa femme était colérique et pleine de vanité. Lorsque les princes et les grands seigneurs venaient dans notre ville, ils étaient toujours prêts à trouver un logement dans la grande et riche maison des Im . Hoffs ; mais alors elle leur permettrait de lui faire la cour et de leur accorder une liberté plus grande que celle qui convient à l'honneur décent du foyer d'un citoyen de Nuremberg. Un jour donc, alors que monseigneur le duc de Bavière reposait chez eux avec une nombreuse compagnie, un beau jeune comte, qui avait courtisé la femme de mon grand-oncle alors qu'elle était encore servante, attisa sa jalousie ; et, un soir, à une heure tardive, alors que sa femme n'était pas encore revenue de chez des amis, comme il tombait, il entendit du bruit et des chuchotements de voix, sous leur logement, dans la cour où se trouvaient tous les coffres et les ballots de ces gens-là. ont été accordés. Il s'élança hors de lui ; et tandis qu'il criait dans la cour et n'obtenait pas de réponse, il frappait au hasard avec son épée nue parmi les coffres d'où il avait entendu les voix, et un cri pitoyable l'avertissait qu'il avait frappé. Puis vint le gémissement d'une femme ; et lorsque les écuyers et les yeomen sortirent avec des torches et des lanternes, il put voir qu'il avait tué Ludwig Tetzel, l'oncle d'Ursula, un jeune homme célibataire. Il s'était introduit dans la cour pour avoir un rendez-vous avec la belle fille du maître-peseur de l' Im. La maison de commerce Hoffs et les deux amoureux, dans leur peur du maître, n'avaient pas répondu à son appel, mais s'étaient glissés derrière les bagages. Ainsi, par mauvaise conduite, mon grand-oncle était devenu un meurtrier, et les juges avaient brisé leur bâton à son sujet ; mais comme il avait avoué librement son acte de mort et qu'il l'avait fait sans mauvaise intention, ils se contentèrent de lui faire payer une amende en argent. Mais certains disaient qu'ils ordonnaient également au bourreau de clouer une corde de potence derrière la porte de sa maison ; d'autres, plutôt, qu'il avait pris sur lui la pénitence de toujours porter une telle corde autour de son cou jour et nuit.

Quant aux Tetzels eux-mêmes, ils ne prétendirent pas avoir de sang ; et pour cela il leur en fut si reconnaissant, toute sa vie, qu'il leur donna sa parole de nommer Ursule dans son testament ; alors qu'il a toujours détesté le Im Hoffs jusqu'à la fin, après quoi eux, à qui il avait causé tant de vexations par son caractère volontaire et hautain, se concertèrent après le jugement pour savoir s'il ne leur appartenait pas de le dépouiller de leur bonne vieille réputation et de le chasser de leur parenté. Quatre seulement, contre trois, parlaient en sa faveur, et son esprit hautain supportait si mal que jamais un Im Hoff n'osait franchir son seuil, bien que l'un et l'autre s'efforçaient souvent de regagner sa faveur.

Son épouse ne le réconforta guère dans son chagrin, car lorsqu'il fut reconnu coupable d' homicide involontaire , elle le quitta pour retourner à la cour de l'empereur à Prague, et y mourut après une chasse sauvage qu'elle avait suivie à la suite du roi Wenzel, tandis qu'elle elle n'avait pas encore dépassé sa jeunesse.

CHAPITRE V.

Trois années s'étaient écoulées depuis que Herdegen était entré au lycée et nous ne l'avions jamais vu que quelques semaines à la fin de la première année, alors qu'il se rendait d'Erfurt à Padoue. Dans les lettres qu'il écrivait de là, il y avait toujours une salutation pour Maîtresse Anna, et souvent il y avait quelques mots en grec pour elle et moi ; cependant, comme il savait très bien qu'elle seule pouvait casser de telles noix, il m'a invité au festin comme le renard a invité la cigogne. Pendant qu'il était avec nous, il s'est toujours considéré comme un frère fidèle et aimant, à mes yeux et à elle, lorsqu'il n'était pas à l'école d'armes, prouvant à la stupéfaction des chevaliers et des nobles sa merveilleuse habileté dans le maniement de l'épée. qu'il avait obtenu au lycée. Et pendant ce même bref instant, il eut à plusieurs reprises parler d'Ursula, mais il montra assez clairement qu'il avait perdu tout plaisir pour elle.

Il n'avait trouvé que la moitié de ce qu'il cherchait à Erfurt, mais il se croyait prêt à aller à Padoue ; car c'est là seulement, pensait-il – et le Magister Peter disait de même – qu'il pourrait trouver la véritable graine pour son moulin. Et lorsqu'il nous a parlé de ce qu'il espérait gagner à cet endroit, nous n'avons pu que considérer son jugement comme bon et lui souhaiter bonne chance et qu'il puisse revenir de cette célèbre écolc italicnnc avec une sommité d'érudition. Quand, à son départ, j'ai vu qu'Ann n'était pas dans un meilleur cœur que moi, mais qu'elle avait l'air tout à fait triste, j'ai pensé que c'était à cause de la maladie qui, depuis quelque temps, s'abattait de temps en temps sur son bon père. Kunz avait également quitté l'école et il ne pouvait pas se plaindre que l'apprentissage pesait trop lourd sur son cœur léger et son esprit joyeux. Il faisait maintenant son apprentissage dans l'entreprise de notre grand-oncle et, alors que le trafic se faisait principalement avec Venise, il devait apprendre la langue italienne avec diligence. Notre Magister, qui était très habile dans ce domaine, le lui enseigna et était, comme auparavant, très content d'être avec nous. La cousine Maud ne permettrait jamais qu'il parte, car c'était devenu une habitude chez elle de prendre soin de lui ; bien que beaucoup supportent moins facilement la présence d'un homme qui a besoin d'aide que celle d'un homme qui est lui-même utile et utile.

Maître Pierre lui-même, sous prétexte de s'exercer à la langue italienne, servait souvent Dame Giovanna. Nous, de notre côté, nous souvenions de la fable du Sac et de l'Âne et nous riions ; tandis qu'Ann se glissait dans sa chambre mansardée lorsque le Magister arrivait ; et elle ne pouvait jamais manquer de le savoir, car aucun fils d'homme n'a jamais frappé aussi faiblement que lui avec le heurtoir sur la plaque de porte.

Ainsi, les années au cours desquelles nous sommes passés d'enfants à jeunes filles se sont déroulées dans une paix et une joie pures. La cousine Maud nous a permis d'avoir tous les passe-temps et tous les plaisirs ; et si parfois son visage était moins content, c'était seulement parce que j'avais envie de porter une jupe plus longue qu'elle ne le jugeait convenable pour mes jeunes années, ou que je me suis montré trop téméraire en montant au manège ou en rase campagne. .

Mon amitié étroite avec Ann m'a amené à marquer et à apprécier bien d'autres et meilleures choses ; et en cela je différais des jeunes filles de certaines familles nobles, qui, jusqu'à ce jour, siègent dans leurs propres stalles à l'église, à l'exception de celles qui n'ont pas d'écusson d'armes. Mais en effet , Ann était une invitée d'honneur dans de nombreuses maisons seigneuriales où vivaient notre école et nos camarades de jeu.

Les jours d'été, nous allions parfois à la ferme qui nous appartenait, Schoppers , en dehors de la ville, ou bien chez Jorg. Stromer notre digne cousin à la filature où l'on fabrique le papier ; et à la sainte Pentecôte, nous nous rendions à la ferme de Laub , que sa sœur Dame Anna Borchtlin possédait par héritage de son père. Néanmoins, et malgré tout ce qu'il y avait à voir et à apprendre au moulin à papier, et bien que j'apprécie le bon beurre frais, le pain noir de maison et les gâteaux de saindoux avec lesquels dame Borchtlin nous réjouissait, mon cœur aimait le plus la forêt verte où habitait notre oncle Conrad Waldstromer , père de mon cousin Gotz , qui était encore loin à l'étranger.

Maintenant que j'aurai beaucoup à dire sur ce parent bien-aimé et sur ses amis et parents, je prendrai ici congé pour mentionner que tous les Stromer descendaient d'un certain chevalier, Conrad von Reichenbach, qui était autrefois venu de son château de Kammerstein , près de Schwabach , jusqu'à Nuremberg . Il y avait épousé une fille des Waldstromer , et les enfants et petits-enfants, issus de ce mariage, s'appelaient tous Stromer ou Waldstromer . Et le style Wald - ou bois - Stromer doit être attribué au fait que cette branche avait, depuis longtemps, la dignité de Rangers de la grande forêt qui fait encore aujourd'hui la fierté de Nuremberg. Mais à la fin du siècle dernier, la municipalité avait acheté les charges et les dignités qui lui appartenaient par héritage, tant à Waldstromer qu'à Koler , le deuxième garde forestier ; quoique le vénérable conseil ne confiât à aucun autre qu'un Waldstromer ou un Koler le soin de ses bois ; et dans ma jeunesse, notre oncle Conrad Waldstromer était chef forestier et un véritable chasseur audacieux.

Chaque fois qu'il franchissait notre seuil, il me semblait qu'il y avait dans l'air le souffle frais et sain des pinèdes ; et quand il m'a donné sa main, la mienne a été blessée, tant sa poigne était ferme, forte et aimante, et son cœur était le même que tous les hommes pouvaient voir. Ses cheveux et sa barbe épais, rouge-or, striés de blanc comme neige, ses yeux clairs bleu lin et son costume vert de forestier, avec de hautes bottes beiges et un bonnet en fourrure de loutre orné de la plume d'un oiseau qu'il avait tué - tout cela cela lui donnait un regard étrange, joyeux et criard. Et tandis que l'homme robuste s'avançait avec son cintre et son couteau de chasse à sa ceinture, suivi de ses chiens et de ses chiens blaireaux, d'autres enfants auraient pu être effrayés, mais pour moi, autrefois, il n'y avait pas de spectacle plus cher que celui du terrible - à l'allure forestière, qui était en outre le père du cousin Gotz .

Eh bien, le deuxième dimanche après la Pentecôte, alors que les fleurs de pommier étaient toutes tombées, mon oncle est venu en ville pour nous inviter, moi et ma cousine Maud, à retourner au pavillon forestier ; car il y demeura toujours d'un printemps à l'autre, bien qu'il fût obligé par le Conseil de garder une maison dans la ville. J'avais presque dix-sept ans ; Ann avait déjà plus de dix-sept ans, et j'aurais exprimé ma joie aussi librement qu'avant, mais cela me tenait un peu au cœur, et cela concernait mon Ann. Elle n'était pas ce qu'elle était ; elle souffrait souvent de douleurs à la tête, et le sang s'était enfui de ses joues fraîches. Bien plus, au pire, elle était toute pâle, et sa vue me serrait le cœur, aussi j'acceptai volontiers lorsque la cousine Maud me dit que la petite maison au bord de la rivière lui faisait du mal, et que les soins pénibles de sa sourde -frère muet et les autres petits, et qu'elle manquait d'air frais. Et d'ailleurs ses propres parents n'ont pas manqué de le souligner ; mais ils n'avaient pas les moyens d'obéir aux ordres de la sangsue et de donner à Ann une bonne chance de profiter de l'air frais de la forêt.

Quand mon oncle eut donné son ordre, j'eus l'audace de le supplier avec des paroles câlines qu'il lui dise de m'accompagner. Et si quelqu'un estime que ce n'est pas une mince affaire de demander à un vieillard au bon cœur d'héberger pendant un certain temps une belle jeune fille dans une grande et riche maison, il se trompera, dans la mesure où mon oncle était il avait l'habitude, en tout temps et en tout lieu, de se soucier d'abord de la bonne volonté et du plaisir de sa femme.

Cette dame était une Behaim , de la même race noble que ma mère, que Dieu garde ; et quelle grande fierté elle mettait sur son sang ancien et noble dont elle avait clairement prouvé l'affaire de l'amour de son fils. Cette affaire n'avait en effet pas moins frappé l'âme de son père, mais il s'était tu, car il ne pouvait jamais se résoudre à jouer le seigneur de sa femme ; bien qu'il fût dans d'autres domaines un homme strict et minutieux ; et même un maître juste et sévère, qui dirigeait avec prudence et rigueur l'armée des forestiers et des tailleurs, des gardiens et des batteurs, des apiculteurs et des bûcherons qui étaient sous ses ordres . Et pourtant ma tante Jacoba était une femme faible et malade, qui sortait rarement pour boire l'air frais de Dieu dans la forêt seigneuriale, ayant perdu l'usage de ses pieds, de sorte qu'elle devait être portée de son lit à son lit.

Mon oncle la connaissait très bien, et il savait qu'elle avait un cœur bon et pitoyable et qu'elle était disposée à faire du bien à son espèce ; néanmoins, il dit que son pouvoir sur elle ne s'étendrait pas jusqu'à lui faire emmener l'enfant d'un scribe dans sa noble maison et la recevoir comme une égale. Ainsi , il a résisté à mes plus tendres prières, jusqu'à ce qu'il ait accordé jusqu'à ce qu'Ann vienne parler pour elle-même ou qu'il quitte la maison.

Lorsqu'elle nous eut salué en toute hâte, mon cousin et moi, et que la cousine Maud lui eut dit qui était mon oncle, elle s'approcha de lui de sa manière décente, lui fit une révérence et lui tendit la main, sans aucune honte, tandis que ses grands yeux Elle le regardait avec amour, car elle avait entendu de moi tout ce qu'il y avait de bon de sa part.

Là-dessus, j'ai vu sur le visage du vieux forestier qu'il était « sur la trace » de mon Ann – pour reprendre ses propres mots – alors j'ai repris courage et j'ai dit : « Eh bien, petit oncle ?

"Eh bien," dit-il lentement et dubitatif. Mais il releva aussitôt le menton d'Ann, la regarda en face et dit : « Bien sûr, bien sûr ! Il vaut mieux avoir les joues rouges là où nous vivons qu'ici, parmi les murs de pierre. » Et il abaissa sa ceinture et poursuivit rapidement, comme s'il craignait de devoir regretter ses paroles précipitées : « Margery sera notre hôte de bienvenue dans la forêt. ; et si elle t'amène avec elle, mon enfant, tu seras la bienvenue.

Je n'ai pas non plus besoin d'exposer ici avec quelle joie l'offre a été reçue ; et les parents d'Ann étaient plus que contents de la laisser partir. Désormais, la cousine Maud, nos femmes de chambre et Beata, la tailleuse, avaient assez de pain sur la planche ; car ils considéraient que c'était un plaisir de prendre soin d'habiller Ann aussi bien que moi, car il y avait de nombreux invités nobles à la loge forestière, surtout à l'époque de la Saint-Hubert, quand il y avait toujours une grande chasse.

Dame Giovanna, la mère d'Ann, était en vérité toujours vêtue avec choix, et elle a toujours entretenu Ann dans des habits plus convenables et plus riches que d'autres de sa position ; pourtant elle était très contente de la tenue de vacances d'été que la cousine Maud nous avait confectionnée. De même, pour chacun de nous, un habit d'équitation vert, adapté à la forêt, était confectionné en bon tissu de Florence ; et si jamais deux jeunes filles partaient à cheval avec un cœur joyeux et reconnaissant dans le monde beau et ensoleillé, nous étions ces filles quand, le matin de la Saint-Marguerite - [le 13 juillet, à l'ancienne.] - nous disions adieu et, montions à cheval. sur nos selles suivait Balzer, le vieux forestier, que mon oncle avait envoyé avec quatre hommes d'armes à cheval pour nous accompagner, et deux bêtes de somme pour porter Susan et « l'équipement de femme ».

Comme nous partions à cette heure matinale à travers champs et que nous voyions monter l'alouette chanter, nous élevâmes également la voix et ne cessâmes de chanter que lorsque nous entrâmes dans le bois. Puis, dans le silence rosé, nos esprits se tournèrent vers la dévotion et l'ambiance du sabbat, et nous ne parlâmes pas de ce que nous avions à l'esprit ; une seule fois – et il me semble que je pouvais l'entendre maintenant – ces mots simples sont sortis du cœur d'Ann jusqu'à ses lèvres : « Je suis si reconnaissante !

Et j'étais reconnaissant à cette heure-là, de tout mon cœur ; et comme les grandes collines des Alpes se couvrent la tête de neige pure à mesure qu'elles se rapprochent du ciel, ainsi tout homme ou toute femme de bien, lorsqu'à une heure heureuse il sent la miséricorde de Dieu près de lui, devrait-il orner son cœur d'actions de grâces pures et joyeuses.

Enfin nous arrivâmes sur un terrain entouré de grands arbres, devant une cabane d'apiculteur, et pendant que nous y étions, nous rafraîchissant avec du lait nouveau et le stock que la cousine Maud avait mis dans nos sacoches, nous entendîmes les aboiements . des chiens et un bruit de sabots, et bientôt oncle Conrad nous accueillit.

Il était très heureux de nous laisser l'attendre et s'est laissé aller à un testament ; mais il nous fit repartir plus tôt que nous ne le souhaitions, et à mesure que nous avancions, la vieille forêt résonnait de nombreuses plaisanteries joyeuses et de nombreux rires. Il semblait à Ann que mon oncle ouvrait à peine ses yeux et ses oreilles au mystère de la forêt que Gotz m'avait montré il y a de nombreuses années. Combien de pipes à oiseaux lui a-t-il appris à connaître et qu'elle n'avait jamais marquées jusqu'à présent ! Et chacun avait sa signification particulière, car mon oncle les nommait tous par leur nom et les décrivait ; tandis que son fils pouvait les copier pour tromper l'oreille, gazouillant, chantant, sifflant et appelant, chacun selon son espèce. Afin qu'Ann et mon oncle apprennent à se rapprocher, je n'ai pas mis un mot sur son enseignement.

Ce n'est que lorsque nous arrivâmes aux lisières de la clairière, là où la cabane forestière apparaissait derrière l'écran d'arbres, que mon oncle resta silencieux ; puis, pendant qu'il me relevait de la selle, il me demanda à voix basse si j'avais déjà prévenu Ann de l'attitude étrange de ma tante. Cela, je pouvais lui dire que je l'avais effectivement fait ; Néanmoins, je vis à son visage qu'il ne serait pas facile de conduire Ann à sa femme, et j'avais appris que la jeune fille avait trouvé une telle grâce à ses yeux qu'en vérité, ni lui ni moi n'avions l'audace d'espérer. Mais avec quelle douce dignité la fille du commis a-t-elle baisé la main de la dame un peu sévère, comme je le lui avais ordonné, et avec quelle modestie, quoique avec le respect qu'elle mérite, elle a suivi l' inquisition de dame Jacoba . Pour ma part, j'aurais trop tôt perdu patience, si on m'avait ainsi interrogé sur des choses qui ne me concernaient que moi-même ; mais Ann resta calme jusqu'à la fin, et en même temps elle parla aussi ouvertement que si l'inquisitrice eût été sa propre mère. Ceci, en vérité, me faisait quelque peu peur ; car, bien que je m'accroche également à la vérité, il me semblait que c'était un manque de prudence et de prévoyance que de découvrir si librement et si franchement tout ce qui manquait ou était pauvre dans sa maison ; dans la mesure où il y avait, même là-bas, beaucoup de choses qui ne pouvaient être meilleures ou plus convenables dans la demeure de l'homme le plus riche. En vérité, à ma connaissance, il n'y avait pas la moindre chose dans la petite maison au bord de la rivière dont une demoiselle vertueuse aurait besoin d'avoir honte. Mais le soir, dans notre chambre, Ann m'a avoué qu'elle avait pris comme une faveur de la fortune qu'on lui permette tout de suite de se dévoiler à la grande dame qui avait si peu voulu ouvrir ses portes à elle, exactement ce qu'elle était et à qui elle appartenait.

« Être jugé indigne d'attention de la part de madame l'hôtesse, » dit-elle, « aurait été dur à supporter ; mais alors qu'elle tenait vraiment à m'interroger, une simple servante, et que je n'ai rien de caché, tout est clair et clair entre nous. ".

Ma tante pensait sans doute de la même manière ; car elle était une femme honnête, et les manières honnêtes, fermes et douces d'Ann avaient gagné son cœur. Et pourtant, comme elle était stricte dans ses opinions et devait juger inconvenant de ma part et de mes parents de recevoir une jeune fille de moindre naissance comme l'une des nôtres, elle avoua fermement que le digne père d'Ann, en tant que commis en chef à la chancellerie, pourrait prétendre être considéré comme faisant partie du Conseil. Jamais, comme elle le disait à mon oncle, elle n'aurait laissé franchir son seuil la fille d'un ouvrier, alors qu'elle avait une grande place, non seule à sa table mais dans son cœur, pour cette douce fille d'un digne membre du vénérable Conseil. .

Et un tel discours était bon à mes oreilles et à celles de mon oncle Conrad ; mais le meilleur de tout était qu'au bout d'une semaine ou deux déjà, Ann semblait susceptible de me supplanter complètement dans l'amour que ma tante m'avait témoigné auparavant ; Ann s'occupa désormais avec diligence de la malade, et un tel devoir d'amour lui gagna de plus en plus l'amour de mon oncle, qui trouvait sa femme faible et souffrante très sur ses bras, et cela dans le sens le plus clair du terme, puisque, chaque fois que s'il était peut-être chez lui, elle ne permettrait à aucune autre créature de la soulever d'un endroit à un autre.

Maintenant, alors que l'oncle Conrad avait appris à Ann à reconnaître les diverses voix de la forêt, elle m'a également ouvert les yeux sur les nombreuses vertus de ma tante, que, jusqu'alors, j'avais l'habitude de cacher à mes yeux par colère contre elle. dureté à mon cousin Gotz .

Ann, dans sa compassion et sa gratitude, avait vraiment appris à l'aimer, et elle me faisait maintenant comprendre qu'elle était à bien des égards une femme bonne et sage. Sa couche basse et abritée, au coin paisible de la cheminée, était comme le centre d'un large filet, et elle-même, la femme-araignée qui l'avait filé, car en vérité ses bons conseils s'étendaient sur toute la étendue de la forêt. , et par-dessus tous les rudes sbires de son mari. Elle connaissait le nom de chaque enfant dans les cabanes des gardiens les plus éloignées, et elle n'a jamais laissé mourir un seul des habitants de la forêt sans son aide . Elle était en effet obligée de voir avec d'autres yeux et de donner avec d'autres mains que les siennes, et malgré cela elle apportait toujours son aide là où elle était le plus nécessaire, car elle choisissait bien ses messagers et prêtait l'oreille à tous ceux qui la cherchaient.

Elle nous trouva bientôt du travail, nous faisant accomplir de nombreuses tâches samaritaines ; et nous avons souvent été émerveillés de constater l'habileté avec laquelle elle a tissé sa toile, et la sagesse associée à sa générosité à mains ouvertes.

Personne d'autre n'aurait pu trouver sa place dans les grands livres qu'elle remplissait de ses archives ; mais pour elle, ils étaient si clairs que le métier le plus rusé était honteux lorsqu'elle les examinait. Jamais personne, maître ou homme, ne lui a dit non, à ma connaissance, et c'était un plaidoyer pour le seul défaut qui m'avait jusqu'ici opposé à elle.

Tout ici était nouveau pour Ann ; et quoi de plus délicieux, qu'est-ce qui pourrait me donner une plus grande joie que de pouvoir montrer tout ce qui était remarquable et agréable, et qui m'était connu, à une amie bien-aimée, et de lui dire l'utilité et la fin de chacun. chose. En cela, deux hommes étaient toujours prêts à m'aider : l'oncle Conrad et le jeune baron von Kalenbach , un Souabe venu pour être le disciple de mon oncle et apprendre la foresterie.

Ce même jeune baron était un jeune homme élancé, bien développé et pas mal loti ; mais il semblait que ses lèvres étaient fermées, et si un homme désirait entendre le son de sa voix et obtenir de lui un « oui » ou un « non », il n'y avait d'autre moyen qu'en lui posant une question simple. Son œil, en revanche, était plein de paroles, et au bout de trois semaines à peine à la Loge, il me disait, aussi souvent que possible, qu'il était profondément amoureux de moi ; bien plus, il dit en termes très précis au révérend aumônier que son premier désir était de me ramener comme épouse en Souabe, où il possédait de riches domaines.

Jamais je ne lui aurais dit oui, même si je l'aimais bien ; je ne le lui ai pas non plus caché ; bien plus, de temps à autre, je lui ai peut-être prêté du courage, mais en réalité sans mauvaise intention, puisque je n'étais pas mécontent de l'histoire que ses yeux me racontaient. Et je n'étais alors qu'un jeune enfant, et je ne savais pas encore qu'une jeune fille qui donne de l'espoir à un prétendant, même si elle n'a pas envie de l'entendre, est coupable d'un péché assez grave pour engendrer beaucoup de chagrin et de chagrin. Ce n'est que lorsque j'ai reçu une leçon qui m'est arrivée trop tôt, que j'ai pris garde à de telles questions ; et le temps était proche où les hommes pensaient plus à moi que je ne le jugeais opportun.

Comme je suis allé jusqu'à mettre cela sur papier, moi, une vieille femme maintenant, je vais mettre de côté la timidité et avouer librement qu'Ann et moi étions à cette époque bien favorisés et agréables à regarder.

J'étais plus grand et plus robuste, tandis qu'elle était plus mince et plus souple ; et pour une douceur douce, je ne l'ai jamais vue pareille. J'étais rose et blanc, et mes cheveux dorés n'étaient pas moins fins que ceux d'Ursula Tetzel ; mais qui voudrait savoir ce que nous devions regarder dans notre jeunesse, qu'il contemple nos portraits, devant lesquels chacun de vous s'est tenu maintes fois. Mais je vais arrêter de parler de choses aussi stupides et j'en viens maintenant au fait.

Même si, la plupart du temps, les vêtements ordinaires étaient suffisants au Forest Lodge, nous avions parfois l'occasion de porter notre courage, car de temps en temps nous allions chasser avec mon oncle ou avec le Junker, à pied ou à cheval, ou fauconner avec un faucon au poignet. Ces nobles oiseaux ne manquaient pas, et le plus courageux de tous, un faucon venu d'Islande au-delà des mers, avait été amené de là par Seyfried . Kubbeling de Brunswick. Ce même homme étrange, qui était mon bon ami, m'avait autrefois appris à manier un faucon, et je pouvais aider mon oncle à enseigner cet art à mon ami.

Je n'allais chasser que rarement, parce qu'Ann n'aimait pas ça après avoir touché avec sa flèche l'un des meilleurs chiens de la meute ; et mon oncle devait être bien touché pour lui pardonner un pareil coup, d'autant que les chiens n'étaient que moins proches de son cœur que ses plus proches parents. Ils devaient compenser beaucoup de ce qui lui manquait, et quand il se tenait au milieu d'eux, il voyait autour de lui, jappant et aboyant sur quatre pattes, à peu près tout ce qu'il avait cru le plus remarquable depuis son enfance. Ils portaient en effet des noms d'une ou deux syllabes au plus, mais chacun avait son sens. C'était pour la plupart le début d'un mot qui lui rappelait une chose dont il tenait à se souvenir. D'abord , dans le sport, il avait nommé certains d'entre eux d'après les pieds métriques des vers latins, qui n'étaient que de mauvais amis à ses années d'école, et dans son chenil il y avait un Troch, un Iamb, un Spond et un Dact , dont les noms complets étaient Trochee, Iambus, Spondee et Dactyl. Or, Spond était le plus grand et le plus lourd des chiens-loups ; Anap , à juste titre Anapaest , était un lévrier élancé et rapide ; et bien qu'il trouvait ce passe-temps des noms un bon sport, il le poussa plus loin. Ainsi arriva-t-il que les créatures insensées qui partageaient sa solitude lui rappelaient de nombreuses choses agréables. L'un des deux limiers de la flotte qui étaient toujours tenus ensemble s'appelait Nich et l'autre Syn, en souvenir qu'il avait été fiancé le jour de la fête de Saint-Nicodème et marié le jour de la Saint- Synèse . Un noble chien appelé Salve, ou comme nous devrions dire Welcome, lui parla de la naissance de son premier-né, et chaque chien avait de la même manière un nom ayant une certaine signification ; ainsi Ann ne trouvait pas du tout mal qu'il donne son nom à un beau jeune setter. Il y avait depuis longtemps un Gred , abréviation de Margaret.

Néanmoins nous passions beaucoup plus de temps à soigner les malades chez lesquels ma tante nous envoyait faire ses courses, qu'à chasser ou à chasser les hérons. Elle emballait toujours de ses propres mains le petit panier que nous devions porter, et il n'y avait jamais un médicament auquel elle ne mêlait, ni un vêtement qu'elle n'eût choisi, ni un aliment qu'elle n'eût jugé bon pour chacun. envoyé à.

Ainsi, à maintes reprises, nos âmes ont souffert de voir le besoin et la douleur couchés dans des chambres sombres sur de la paille misérable, même si nous avons gagné des remerciements et une vraie joie lorsque nous avons vu que la guérison et le bien-être suivaient nos pas. Et ce qui me paraissait la grâce la plus louable de ma tante Jacoba , c'est que, même si elle ne pouvait jamais entendre les chaleureux remerciements de ceux qu'elle avait consolés et guéris, elle n'a néanmoins, jusqu'à la fin de ses jours, cessé de prendre soin des pauvres. les gens dans la forêt aiment vraiment une mère.

Mon Ann n'a jamais été faite pour un tel travail, dans la mesure où elle ne pourrait jamais supporter de voir du sang ou des blessures ; pourtant c'était en soignant les malades que j'avais raison de remarquer et de comprendre combien était fort l'esprit de cette fleur frêle et élancée.

Depuis qu'un certain chirurgien militaire, nommé Haberlein , avait quitté cette vie, il n'y avait pas de sangsue à la loge forestière, mais ma tante et l'aumônier, un homme peu bavard mais bien formé aux bonnes œuvres et un véritable pieux serviteur du Seigneur. , étaient des disciples de Galien, et la sangsue de Nuremberg sortait une fois par semaine, chaque mardi ; et depuis la mort du docteur Paul Rieter , dont j'ai parlé, c'était son successeur maître Ulsenius . Son devoir était de s'occuper de la maîtresse malade et de tous les autres malades s'ils en avaient besoin ; puis c'était notre rôle d'attendre la sangsue, et ma tante nous instruisait diligemment sur la bonne manière d'utiliser les médicaments curatifs ou les bandages.

La première fois, nous fûmes invités chez une femme qui cueillait des baies, qui avait été piquée à l'orteil par une vipère ; et quand je me mis à laver la plaie, comme ma tante me l'avait appris, Ann devint blanche comme un linge. Et tandis que je voyais qu'elle était sur le point de s'évanouir, je ne voulais pas de son aide ; mais elle lui apporta néanmoins son aide, même si elle retenait son souffle et détournait à moitié son visage. Et c'est ainsi qu'elle faisait toujours avec les plaies ; mais elle a toujours payé le prix de la violence qu'elle a commise elle-même. Comme par hasard, maître Ulsenius arriva dans la forêt un jour que la servante de ma tante était partie en pèlerinage à Vierzelmheiligen et que mon oncle était également à l'écart, la sangsue nous appela chez lui pour lui prêter main forte. Puis j'ai appris qu'une chute inopinée avec son cheval avait été le début de la longue maladie de ma tante. Elle avait alors fait un tort à sa colonne vertébrale, et quelques mois plus tard, une blessure s'était déclarée qui faisait partie de sa souffrance.

Maintenant que tout fut prêt, tante Jacoba supplia Ann de maintenir la plaie fermée pendant que Maître Ulsenius mouillait les bandes de lin. Je me souvins de la faiblesse de mon amie et je m'approchai d'elle pour prendre sa place sans aucune marque ; mais elle murmura : « Non, laissez-moi », d'une voix autoritaire, de sorte que je vis très bien qu'elle le pensait sérieusement, et elle se retira sans un mot. Et puis j'ai vu un noble spectacle ; car, bien qu'elle fût pâle, elle fit ce qui lui était demandé, et elle ne détourna pas non plus les yeux de la blessure. Mais sa poitrine se soulevait et s'abaissait rapidement, comme si un danger la menaçait, et ses narines frémissaient, et j'avais envie de lui tendre les bras pour l'empêcher de tomber. Mais elle est restée ferme jusqu'à ce que tout soit fait, et personne d'autre que moi n'était au courant qu'elle avait défié l'ennemi avec une telle bravoure.

Désormais, elle me rendit toujours de bons services sans reculer ; et chaque fois que par la suite j'avais à accomplir un devoir odieux qu'il me semblait que je ne pourrais jamais me résoudre à accomplir, je me souvenais d'Ann tenant la blessure de ma tante. Et de tout cela est né le bon dicton : « Ceux qui veulent peuvent », que les enfants ont l'habitude d'appeler ma devise.

SIGNETS DE L'ÉDITEUR ETEXT :

Comme chaque mot venait directement de son cœur,
sois prudent quant à leur compassion, prends garde que Satan ne te trouve inactif ! J'ai mis l'imagination au service de mes passe-temps, comparant leur propre sort avec le mauvais sort des autres, la foi et la connaissance sont des choses à part, fuyant la haine en tant que pire ennemi de l'âme, pour le pour ces yeux que tu as oublié tout le reste, ses yeux étaient comme des fenêtres ouvertes. Le jour dernier, nous serons appelés à rendre compte de chaque mot que nous prononçons. Riez de lui avec une moquerie amicale, telle qu'elle ne fait de mal à personne. évitez les rochers sur lesquels je me suis meurtri les pieds. Les hommes pensaient plus à moi que je ne le jugeais opportun. Aucun homme ne tire profit d'une expérience autre que la sienne. Une de ces femmes qui ne supportent pas qu'on leur résiste. Le dieu Amor est le meilleur maître d'école. Ceux qui le veulent peuvent le faire. Quand les hommes -les enfants considèrent les servantes comme faibles et inaptes au vrai sport

9 789359 948386

Printed at Repro India Ltd.